NIKKEI BUNKO 日経文庫

行動経済学入門

多田洋介

日本経済新聞出版社

まえがき

●10年ぶりに訪れた「行動経済学」への注目

２０１３年のノーベル経済学賞は、金融資産市場の分析に対する貢献として、シカゴ大学のユージン・ファーマ教授、ラース・ハンセン教授とともに、イエール大学のロバート・シラー教授が受賞しました。この同時受賞、特にファーマ教授とシラー教授が名を連ねるというのは、ある意味衝撃的なものでした。両氏は、株式や債券などの資産価格の将来の動きは果たして予測可能なのかどうかという研究が受賞理由ということでは共通していますが、その思想は正反対と言ってもよいくらいだからです。

つまり、ファーマ教授は、本書でも紹介する、金融資産市場は市場参加者が最大限合理的に行動することで資産価格が形成されるという「効率的市場仮説」の重鎮である一方、シラー教授は、必ずしも合理的ではない市場参加者の影響によって資産価格が動くという「行動経済学」（behavioral economics）の代表選手です。シラー教授といえば、２００８年のリーマンショックにつながったサブプライム・ローン問題に代表されるアメリカ住宅市場の状況にいち早く警鐘を鳴らしていたということや、アメリカの代表的な住宅価格指数（ケース＝シラー指数）の考案者として有名ですが、行動経済学中興の祖でもあります。氏のノーベル経済学賞受賞は、「行動経済学」という学問分野が再び注目を集めるきっかけになったと言えるでしょう。

ここで「再び」としたのは、ノーベル経済学賞を契機に「行動経済学」が大きく脚光を浴びた時期が約10年前にもあったからです。読者の皆さんの中には、ジョージメーソン大学のバーノン・スミス教授とともに、プリンストン大学の心理学者ダニエル・カーネマン教授が2002年のノーベル経済学賞を受賞したことを記憶している方も多いでしょう。受賞の理由は、簡単に「不確実性下における人間の判断や意思決定に関して、心理学の研究成果を経済学の考え方に統合したこと」とされていますが、これは経済学の歴史の中でも一つの画期的な転換点たりうる業績でした。

カーネマン教授の業績については本書の中で詳しく紹介していきます。特筆すべきは、教授に代表される、心理学の発想を経済学の理解に活かそうという研究グループは、それまでノーベル経済学賞を総なめにしてきたような伝統的な経済学の考え方、つまり新古典派経済学のように経済プレーヤーとしての人間を完璧なクールヘッド（理性の持ち主）である「合理的」な者と捉えるのではなく、間違いも起こせば、感情に流されたりもする、より身近で現実味のある人間像を前提として経済活動や経済現象の分析にアプローチしようとしている点にありました。

我々に近い、より「普通の」人間を経済主体として位置付け、資産選択や消費と貯蓄の選択、労働契約関係などを分析することにより、後々見ていくように伝統的な経済学では答えることのできなかった様々な謎や矛盾（これを本書では「アノマリー」と呼ぶことにします）を解くきっかけが発見されており、経済学の新しい可能性が広がってきています。

例えば、１９８０年代の日本における土地バブルの現象や、近年のアメリカにおけるＩＴ（情報技術）バブル、はたまた２０００年代のアメリカ住宅価格の高騰などは、株価や地価などの資産価格がいわゆるファンダメンタルズから乖離して推移しているという点で、標準的な経済理論だけで説明が可能でしょうか。また、90年代に起こった通貨危機（90年代初めの欧州通貨危機、90年代後半のアジア危機）に見られた投資家行動は真に「合理的な」行動だったのかについても疑問があるところでしょう。

本書は、先述のカーネマン教授の研究を礎とする「新しい」経済学の分野である「行動経済学」あるいは「経済心理学」（psychology and economics）についての入門書です。改めて行動経済学とは、ここ20年ほどの間に急速に広まった経済学の一つの分野です。新古典派による標準的な経済学のように、数学的に一貫した整合的なモデルを提供するというよりは、経済学の標準モデルをベースにしつつ、現実の経済現象や人間行動を説明するようこれを補完するアプローチが中心となっています。このため、本書においても一つの整合的なモデル体系を提示するのではなく、代わりに、カーネマンらの古典的な論文やいくつかのトピックスを紹介しつつ、行動経済学に関わるいくつかのモデルや考え方の断片を「つまみ食い」するという方法論をとります。

●本書の構成

本書の構成は以下の通りです。

第1章では、イントロダクションとして、標準的な経済学が前提としている経済主体としての人間の見方にどのような問題があるのかを考えます。また、標準的な経済学の基本的な分析道具である期待効用仮説や異時点間の消費決定モデルなどを批判的におさらいします。

第2章は、前章で見た経済学における人間像の問題点の一つである「超合理性」という仮定を緩め、合理性に限界があるような場合（「限定合理性」と言います）の人間の行動や社会へのインパクトについて、具体例を用いて考えます。

第3章では、限定合理性に関連して、不確実性が存在するような環境において、人々が陥りやすい思考方法や判断プロセスを見ます。具体的には、前述したカーネマンと共同研究者のトヴェルスキーが提唱した「近道選び」（ヒューリスティックス）という行動原理を紹介します。

第4章は、前章に引き続き、カーネマンとトヴェルスキーによるもう1つの重要な理論である「プロスペクト理論」とその応用について主に見ていきます。プロスペクト理論は、リスクが存在するような状況で、人々がどのような選択を行うかについて、経済学が基本とする「リスク回避」とは異なる視点から説明するものです。

第5章では、ここまでの復習も兼ねて、行動経済学の応用分野として最もポピュラーなファイナンスの分野について考えます。行動経済学の金融・資本市場分析への応用は、一般に「行動ファイナンス」と呼称されています。ここでは、株価リスク・プレミアムの存在や、価格バブルの形成など、有名な事例を中心にこれまでの研究成果を紹介します。

第6章は、前章までと視点を少し変えて、時間を通じた人々の行動に焦点をあてます。特に、人々があらかじめ決めた将来の計画を実行するに際して、誘惑などに負けずにどの程度自分を律することができるか（どの程度自制が働くか）という論点を吟味します。経済学の標準理論では、消費者などの経済主体は自分を完全に律することができると仮定しています。これに対し、この章では、計画した行動と実行する行動が食い違うという「時間非整合性」の存在を指摘し、その応用研究について紹介していきます。

第7章では、人々は利己的なのか、そうではないのかという点を見ていきます。ここではいわゆる利他的な動機に基づく行動のみならず、相手が自分に好意的な行動をとれば好意的に、敵対的な行動に対しては敵対的に振る舞うという動機付け（これを「相互応報的動機」と呼びます）にウェートを置き、このような動機付けがもたらすインプリケーション（含意）について幅広く議論します。

終章では、全体の議論を簡単におさらいしつつ、行動経済学の可能性と限界について考察して、本書の結びとします。

本書は、最初2003年に単行本として日本経済新聞社より刊行しました。行動経済学や経済心理学の分野に関する日本語の書物は、当時もいくつか存在しましたが、その後、翻訳や国内オリジナルを問わず数多く出版されています。一方、行動経済学の理論的な基盤は2003年時点と現在とで大きく変わるものではないことから、今回の文庫化にあたって内容は大きく変更せず、行動経済学の「古典」文献に則り、限定合理性、時間を通じた行動、利他的モデルといった基礎的理論をカバーしつつ、できる限りマクロ経済への応用例に言及するというスタイルを維持しています。一方、よりアップ・デートな内容を補完するという意味で、巻末には筆者なりに選んだ行動経済学（応用を含む）に関するブックガイドを用意しました。

単行本の刊行時には、日本経済新聞社（当時）の堀口祐介氏から、多数の貴重な資料の提供や、幾度にもわたる打ち合わせ、拙稿へのアドバイスに至るまで多くのご支援をいただきました。文庫化に際しては、日本経済新聞出版社の平井修一氏に、「先延ばし行動」をしがちな筆者を叱咤激励いただきました。また、ハーバード大学において行動経済学の教鞭をとられていたデビッド・レイブソン、アンドレイ・シュライファーの両教授には、講義を通じて、筆者が本書を手がける上での多大なインスピレーションを与えていただきました。本書で紹介する具体例のいくつかは、両教授の講義を参考にしたものです。

本書の記述は最新の研究成果まで十分にカバーされておらず、拙いところもありますが、再び注目を集めている行動経済学の理解に少しでも貢献できれば望外の喜びです。

２０１４年６月

多田洋介

第3章　近道を選ぶと失敗する――信念や判断に潜む罠　83

第5章 非合理的な投資家は市場を狂わす――行動ファイナンスの世界 147

第1章　行動経済学とは何か？——「限界知らずの経済人間」への挑戦

1　経済学の世界に生きる人間の3つの限界

「ホモ・エコノミカス」は人にして人にあらず？

次に紹介するAさんとBさんという2人の描写を読んで、皆さんはどちらを「普通の人」と思いますか。

　Aさんは22歳、今年からX製薬会社に就職しました。専攻は薬学ではありませんが、将来の製薬市場の需要動向や各製薬会社の業績を詳細に分析して就職先を決定しました。また、Aさんは将来にわたる自身の所得を可能な限り詳細に予測して、毎月いくら消費し、いくら貯蓄に回すかを決定しています。貯蓄は、株式や債券など幅広い金融資産を選択肢とし、これらのリスクとリターンを厳密に分析して運用しようと考えています。自分の人生計画を狂わせないため、Aさんは衝動買いに身を任せたりはしません。また、1週間以内にやると決めた仕事は必ず実行します。Aさんは冷淡な人間ではありませんが募金などには一切応じません。自分にとってたいした利得をもたらさないからです。

Bさんは22歳、今年からY出版社に就職し、雑誌編集に携わっています。報酬のよい業界はいくらでもありましたが、若いうちに編集を経験しておきたかったからです。Bさんは、他の同僚の例を参考に毎月の所得のうち10%を貯蓄に回すことを一応のルールとしています。貯蓄はひとまず給与の振込口座である銀行に預金として預けています。Bさんは決して浪費家ではありませんが、ついつい衝動買いをしてしまいます。仕事にルーズなわけではありませんが、週末までにやろうとしていた仕事を週明けに回してしまうこともままあります。Bさんは募金やボランティアに熱心です。決して得にはなりませんが、満足感を覚えることができますし、将来いつ人の助けが必要になるかわからないと考えているからです。

経済学の教科書に出てくる人間の行動を唯一絶対と信じている人にとっては、計算高く人生を組み立てているAさんの行動の方が普通と映るかもしれません。しかし大半の皆さんにとっては、経験に照らしてみると、Bさんの方がより現実に近い存在なのではないでしょうか。本節の目的は、教科書的な経済学が前提とするAさんのような人間像が抱える違和感の背景について考えることにあります。

「標準的な経済学」が分析の対象とする領域には、マクロ経済政策から財政・税制設計、金融市場、産業組織に至るまで幅広い分野が含まれます。これらの基本中の基本となるのは、家計や企業といったプレーヤーがいかなる原理で行動するのかというミクロの分析です。これは、経済学の根本的な使命の1つといえます。

一方で、「人間の行動」は、経済学だけではなく、政治学や心理学、社会学など他の社会科学・人文科学にとっての重要な分析テーマでもあり、学問分野によって人間の捉え方は多種多様です。

実際、人間の行動は、時にAさんのように冷静沈着で計算高い一方、Bさんのように情緒的・感情的であったり、気まぐれであったりするもので、単純な分析ツールだけではとても表現できないほどの複雑さを持っているのではないでしょうか。

しかし、新古典派と呼ばれる標準的な経済学の世界では、こうした複雑怪奇であるはずの人間の行動様式に関して、極めて画一的なモデルを仮定しているのが実情です。この伝統的な経済学における人間像は、一般的には、人間＝ホモ・サピエンスをもじって、「ホモ・エコノミカス」（homo economicus：合理的経済人）と呼ばれています。

ここでいう「ホモ・エコノミカス」の仮定とは、経済プレーヤーとしての人間は、①「超合理的」であり、②「超自制的」であり、さらには、③「超利己的」であるという特徴を持ち、いわば狡猾で計算高く、無感情で、自分にしか興味のないロボットのような生き物だということです。ここで、ホモ・エコノミカスの3つの仮定の意味するところについて簡単に見てみましょう。

人々は「超」がつくほど合理的ではない

まず、人間が「超合理的」であるとは、買い物や投資などの経済活動において、自分にとって利用可能な膨大な量の情報を、あたかも高性能のコンピューターのように完璧に処理し、消費の内訳や貯蓄すべき額の決定、投資資金の配分などの経済活動の意思決定において最も望ましい（効用を最大化する）答えを常に導き出すということを意味します。つまり、冒頭のAさんのような人は「超合理的」です。

この経済学の原則は、バナナとりんごを食べる量の選択といったミクロ経済学の最も基本的な問題設定だけではなく、多数の財・サービスが存在する場合や、同一時点内における選択ではなく将来も見越した時間を通じた行動の場合、さらには所得や価格、金利など単純なモデルでは固定とされているような変数が将来どう動くかわからないという不確実性が存在する場合においても成り立つとされています。

しかし、財・サービスの種類や価格といった情報が多岐にわたる場合には、「基本的な問題設定」においても人間の問題処理能力が簡単についていけるかどうかは疑問です。この点は第２章で詳しく見ます。

さらに、人々が不確実性の要素に直面する場合には、人間の「超合理性」の仮定にはもっと大きな疑問符がつくはずです。専門的な言葉を用いれば、不確実性が存在する場合、「超合理的」な人間は、物事が起こりうる確率の判断などにおいて、ベイズ・ルールなど統計上の正しい推測方法に従った信念を持ち、いかなる場合でも矛盾をきたさない形で、効用の期待値の最大化を図ることになるはずですが、これらが成り立つかどうかは留保が必要だということです。

この考え方への批判は、第３章と第４章で詳しく紹介します。また、ベイズ・ルールや不確実性下の標準的な効用最大化モデルは、この章の後半で簡単に説明します。

人々は先送りの誘惑にかられる

次に、人間が「超自制的」であるとは、可処分所得を消費と貯蓄に割り振って自分の一生涯の効用を最大限に高めるとか、学生が締切り期限の中でいつの時点で宿題を終わらせるか、といった時間を通じた活動に関して、初めに決めた計画通りに実行することを意味します。冒頭のＡさんは仕事を必ずこなし、衝動買いをしない「超自制的」な人の典型例です。

本章の後半では、伝統的経済学における時間を通じた行動の典型的なモデルを紹介しますが、この仮定についても我々は疑問なしとはしません。現実の世界では、人々は自制心が足りないために、宿題を明日に延ばしたり、貯蓄を削って余分に消費にお金を回したりするなど、「先送り」や「目先の快楽」という誘惑に負けてしまうこともあるでしょう。この点については、第6章においてできるだけ詳細に考えていきます。

人々は常に利己的とは限らない

最後に、人間が「超利己的」であるとは、その名のごとく、人々が自身の利益のみを追求し、他者の利益や公平性といった価値基準を持たないことを意味します。Aさんはボランティアに全く関心がないという点で「超利己的」な要素を持っています。しかし、この仮定についても、現実の人々は海外のレストランでチップを置いたり、学校やNPOに寄付や募金をしたりするなど、自分の利益を多少犠牲にしてでも、他の目的を追求することがあるという意味で脆弱なものです。第7章では、利己的な仮定に対して、広い意味での「利他的」な行動原理を示し、現実の人間の行動様式にはこちらの方がマッチするケースも多いということを見ていきます。

経済学がホモ・エコノミカスを多用する2つの理由——簡便さと学習効果

このように、経済学における標準的な人間像（ホモ・エコノミカス）には、現実の人間行動の特性を完全に捉えているとはいいがたいものがあります。逆に、「間違い」や「先送り」「公平性の重視」といった人間の「現実的」な性質は、心理学の研究成果においては一般的なものです。

では、なぜ標準的な経済学は、ホモ・エコノミカスのような「非現実的」な仮定を置き、さも当然のものとして扱うのでしょうか。これには、少なくとも２つの大きな理由があるように思われます。まず、このような「超」のつく合理的、自制的、利己的な人間の行動は、数学的に表現することが比較的容易だからです。

先にも述べたように、人間の複雑怪奇な現実像を経済学に取り込もうとすれば、とても一冊の教科書で収まるようなものではないでしょう。経済学は、「私益の徹底的な追求」という人間の経済的な動機付けを前面に押し出し、人間像をデフォルメすることにより、経済・社会現象の分析を制御可能なものにしているということができます。

第二に、間違いを犯したり、他人に利益を譲ったりするような者は、厳しい競争過程や学習効果などによって市場から消えていくというダーウィニズム的な淘汰の論理や、あるいは、経済全体として集合的に人間を見た場合には、合理的ではない人間が市場に及ぼす影響は微々たるものであるという考え方が背景にあると考えられます。

しかし、本書でも後々見ていくように、２点目については、非合理的な経済主体などが市場全体に与える影響が皆無であるとは必ずしもいえません。また、1点目についても、経済学は「現実のできるだけ詳細な実証」と「モデルの扱いやすさ」というトレードオフの関係を伴う学問である以上は、これらのバランスを適切にとることが求められなくてはなりません。つまり、「詳細なレベルの実証」を避けて、「簡易さ」を一方的に追求することは望ましくないのです。

例えば、体系が複雑になるからといって、説明変数の数や推計モデルの形式を簡単に済ましてしまうことによって、計量経済学が現実の説明能力を失っては元も子もないというのと同じロジックが、人間行動の描写についてもいえるのではないでしょうか。

行動経済学あるいは経済心理学という比較的新しい経済学の領域は、一言で説明すれば、「標準的な経済学」が十分には捉えきれていない人間の様々な行動様式を、心理学あるいは認知科学といった経済学以外の学問分野の研究成果を利用して紐解くことで、ミクロ的な経済行動やマクロ的な市場へのインパクトの分析における現実的な説明能力を補強しようという試みといえます。

本書では、次章以降において、現実の人間の行動がどのような形で標準的な経済理論の予測するところから乖離するのかについて、行動経済学の研究成果を通じてテーマ別に見ていきます。その前にこの章では、復習の意味も兼ねて、人間行動に関する経済学の基本的なモ

デルを批判的にレビューすることにします。具体的には、
①統計の基本原理である「ベイズ・ルール」
②基本的なゲーム理論の均衡概念
③不確実性下の行動理論として頻繁に用いられる「期待効用仮説」
④時間を通じた標準的な効用最大化モデル
について、それぞれ簡単に触れていきます。

2　人々は確率を「正しく」判断するか？——ベイズ・ルール

ベイズ・ルールは、統計学における最も重要な定理の1つです。「ある事象*B*が発生している場合に、事象*A*が発生する確率」、すなわち条件付き確率Pr（*A*｜*B*）を類推するためのツールを意味します。別の見方をすれば、「*A*が発生する確率」Pr（*A*）など母集団に関する「条件なしの」頻度に関する情報や事象*A*や*B*が生じているという事実だけから、条件付きの確率を計算するための道具がベイズ・ルールであるということができます。ベイズ・ルールが適用される具体的な事例としては次のような状況があります。

ある母集団の中には、標準的な経済学について教育を受けた人（*R*と呼ぶ）と受けていな

い人（*I*と呼ぶ）が、それぞれ1％と99％の確率で存在します。これらの母集団に対して、共通の経済学適性試験が課されました。もし受験者が経済学教育を受けた人（*R*）であれば、この試験に99％の確率で合格します。一方、経済学教育を受けていない受験者（*I*）がこの試験に合格する確率は1％であるとします。ここで、母集団から無作為に抽出されたCさんという受験者が試験に合格しているという事実がある場合に、Cさんが経済学教育を受けた人（*R*）であるという確率はどの程度でしょうか。

この問題に対する正しい解答を導き出すためには、「ベイズ・ルール」の公式を知らなくてはなりません。詳しい数式の展開は補論1に譲りますが、正解は「50％」です。つまり、Cさんが経済学適性試験に合格していれば、Cさんが経済学教育を受けた人（*R*）であるか否かは半々だということです。

補論を読んでいただければわかると思いますが、ベイズ・ルールは統計学上の確率に関する決まり事を組み合わせただけの代物で、至極もっともな原則なのです。重要なポイントは、現実の人々が確率の判断を行い、自分の行動を決定するに際して、ベイズ・ルールを厳密に適用して行動するか否かにあります。

実際に読者の皆さんは、先ほどの設問に対してどのような数字を答えとして導いたでしょうか。アメリカのある有名大学の経済学部の授業においてこれと似たような設問を出した際に、多くの学生が、「合格＝合理的」という直観的な理由から、試験にパスしていれば合理的であるという確率を75％や90％というように、50％という正解よりもかなりの程度高いものと答えています。

もしこの設問の前にベイズ・ルールという用語を目にしなければ、読者の皆さんのうち何人かはやはり過大な確率評価をしたのではないでしょうか。

このように、いかに理論的かつ規範的なルールであっても、ベイズ・ルールは現実の意思決定者である人間の判断や信念と

補論1　ベイズ・ルールの定式化

ベイズ・ルールの一般的な公式は、以下のように表されます。

$$\Pr(A|B)=\frac{\Pr(A\cap B)}{\Pr(B)}=\frac{\Pr(B|A)\cdot\Pr(A)}{\Pr(B)}$$

ここで $A\cap B$ は、事象AとBが同時に起こっていることを指します。さらに、事象Bは、①事象Aが生じている下で発生する場合と、②事象Aが発生していない下で発生する場合の2つのケースからなることから、ベイズ・ルールを以下のように表現することもできます（「NA」は「Aではない」ことを意味します）。

$$\Pr(A|B)=\frac{\Pr(B|A)\cdot\Pr(A)}{\Pr(B|A)\cdot\Pr(A)+\Pr(B|NA)\cdot\Pr(NA)}$$

本文の問題例をこの公式に当てはめて考えると、求めたい条件付き確率は「ある受験者が試験に合格しているとき（Pと表します）に、この受験者が合理的（R）である確率」であるので、

$$\Pr(R|P)=\frac{\Pr(P|R)\cdot\Pr(R)}{\Pr(P)}=\frac{\Pr(P|R)\cdot\Pr(R)}{\Pr(P|R)\cdot\Pr(R)+\Pr(P|I)\cdot\Pr(I)}$$

と表されます。具体的な数字を問題文から代入すると、
Pr（R｜P）＝0.5となることがわかります。

は必ずしも整合的ではない場合があり、標準的な経済学が想定するようなホモ・エコノミカス的な人間行動や完全な市場メカニズムが働かないのではないか、という疑問が出てくるのです。第3章では、今見たような、人々が確率を判断する際に典型的に見られる間違いやバイアスを類型化し、それらの原因について見ていきます。

3 ゲームのプレーヤーはすべて合理的か？――ゲーム理論と人間の合理性

ゲーム理論は、各々の経済プレーヤーが他のプレーヤーの行動を念頭に置いて自分の行動を決定する戦略的な状況の下での行動モデルとそこで実現する均衡を分析する研究分野です。フォン・ノイマンとモルゲンシュテルンによる画期的な研究以来、ナッシュによる均衡概念の構築、その後の理論の精緻化を経て、経済学のあらゆる分野の理論的な発展に寄与してきました。現代のミクロ経済学のテキストは、大学学部・大学院用を問わず、ゲーム理論に多くの紙面を割いており、ゲーム理論は、まさに合理性経済学とは切っても切れない存在となっています。

本書は、ゲーム理論について本格的な議論を行う場ではないので、ここでは、最も基礎的な均衡概念をつまみ食いし、「強く支配される戦略の逐次消去」および「ナッシュ均衡」について簡単に説明していきます[1]。

囚人のジレンマと「強く支配される戦略の逐次消去」

ここでは、すべてのプレーヤーが同時に行動を起こし、その結果として各プレーヤーの最終的な利得が決まる「同時手番ゲーム」における均衡概念を見ます[2]。具体的には、ゲーム理論の代名詞的な存在である「囚人のジレンマ」を例にとって考えていきます。

代表的な囚人のジレンマゲームは、図表１－１のようなマトリクスで表されます。通常のゲーム理論のテキストにあるマトリクスの見方と同様に、表側面には囚人１号の戦略が、表頭には囚人２号の戦略が記されており、マトリクス内の各部分はそれぞれの戦略の組み合わせが実現した場合の両囚人の利得を、（囚人１号の利得、囚人２号の利得）という形で示しています。利得は懲役年数にマイナスを乗じたもので、ゼロに近いほど囚人にとっては望ましく

補論２　同時手番ゲームの均衡概念

まず「強く支配される戦略の逐次消去」の定義を見ます。数学的には、戦略 S_i が強く支配されるとは、他の全プレーヤーの戦略（S_{-i} といいます）すべてについて、$U_{-i}\ (S_i,\ S_{-i}) < U_i\ (S_i',\ S_{-i})$ となるような他の戦略 S_i' が存在する場合を指します。「強く支配される戦略の逐次消去」は、プレーヤーが合理的であれば強く支配される戦略をプレーすることは決してない、という考え方を出発点に、各プレーヤーの戦略から強く支配される戦略を交互に、可能な限り排除していくというアプローチです。これに対して、各プレーヤーの戦略の組み合わせ $S^* = (S_1^*,\ S_2^*, \cdots,\ S_i^*,\ \cdots,\ S_i^*) = (S_i^*,\ S_{-i}^*)$ がナッシュ均衡であるとは、すべてのプレーヤー i にとって、他に選びうるすべての戦略 S_i に対して、$U_i\ (S_i^*,\ S_{-i}^*) \geqq U_i\ (S_i,\ S_{-i}^*)$ が成立していることをいいます。

なります。

ここで各囚人が「合理的」なプレーヤーであるとして、彼らの戦略選択の結果としてどのような均衡（戦略の組み合わせ）が実現されるでしょうか。その1つの指針となるのが、「強く支配される戦略の逐次消去」と呼ばれる概念です。これは、他のプレーヤーがどんな行動をとった場合でも、他の戦略をとるよりも大きな利得を得ることができないような「ある戦略」を選択肢から外していくプロセスの繰り返しを意味します。ちなみに、このような「ある戦略」を「強く支配される戦略」といいます。

図表1－1　代表的な囚人のジレンマ

囚人1号＼囚人2号	自白	黙秘
自白	(－10・－10)	(0・－13)
黙秘	(－13・0)	(－1・－1)

図表1－1の囚人のジレンマの例では、囚人1号は、囚人2号が自白しようが黙秘しようが、自分としては裏切って自白に走る方が、忠節を尽くして黙秘する場合よりも少ない懲役期間で済むので、黙秘を消去します。囚人2号は、囚人1号が「強く支配される戦略の消去」により、自白の選択しか残さないことを予想しているので、自分にとって都合の悪い黙秘を選択肢から消去します。

結果として、2人に残された選択肢は（自白、自白）となり、これが「強く支配される戦略の逐次消去」による均衡となります。

ここで確認しておきたいのは、逐次消去のプロセスの中では、各プレーヤーは「相手も合理的であり、強く支配される戦略を消去する」ということを所与の条件として、自身にとって強く支配される戦略を消去するという、いうなれば「合理性の連鎖」が働くことが前提となっていることです。つまり、すべてのプレーヤーが合理的であるということが、各プレーヤーの共通認識になっているわけです。

囚人のジレンマとナッシュ均衡

次に、ゲーム理論の均衡概念の中心であるナッシュ均衡（Nash equilibrium）をレビューします。ナッシュ均衡とは、「各プレーヤーが、他のプレーヤーの戦略に対して最適な反応、つまり利得を最大化しているような戦略の組み合わせ」として定義されます。別のいい方をすれば、ナッシュ均衡とは、どのプレーヤーもその戦略から逸脱するインセンティブを持たないような戦略の組み合わせということでもあります。

再び囚人のジレンマに目を転じると、2人の囚人にとっては、それぞれ自白という戦略から動く意味がないことがわかるでしょう。相手が自白しているのに、自分が黙秘すれば、自分だけ懲役年数が増えて馬鹿を見るわけです。逆に、両囚人とも黙秘からは逸脱する誘惑があります。裏切って自白すれば懲役が短くて済むからです。このような検証を進めると、囚人のジレンマのナッシュ均衡は（自白、自白）のみであることがわかります。

なお、囚人のジレンマでは逐次消去による均衡とナッシュ均衡が一致していますが、一般的には、逐次消去で残った均衡であってもそれがナッシュ均衡とは限りません。つまりナッシュ均衡の方がより絞られた均衡概念であるといえます。ただし、いずれの均衡概念であっても、各プレーヤーの合理性が全プレーヤーの共通認識になっているという仮定に依存することは変わりません。

伝統的な均衡概念は完璧か？

では、こうした均衡概念のどこが問題になりうるでしょうか。現実には、（自白、自白）という両者にとって「悪い」均衡よりも、（黙秘、黙秘）という「よい」結果が実現する場合もあるかもしれません。

論点として、1つには、現実の人々にこれほどの合理性があると考えても差し支えないかどうかという点があります。囚人の1人はひょっとしたら、「相手は俺の仲間だから黙秘するに違いない」と考え自分も黙秘を選んでしまう場合もあるかもしれません。より複雑なゲームの場合は、なおさら合理性の仮定は疑問視されるべきです。

第2に、人々がここまで利己的であると考えるべきか、という点があります。囚人のジレンマでは、各囚人は自分の懲役年数の大小だけを気にしていますが、現実には何らかの利他的な行動原理が働いて、人々を黙秘に動かすかもしれません。第2章や第7章では、ゲーム

補論3 逐次手番ゲームの均衡

ここでは、各プレーヤーの行動が交互ないし時間的なラグを持つ「逐次手番ゲーム」における均衡概念である「サブゲーム完全均衡」について復習しましょう。簡単な例として、有名な市場参入ゲームを考えます。

図表①にあるように、プレーヤーは既に市場にいる企業（I）と新規参入しようとする企業（E）からなり、企業Eは先に参入か退出するかの決定を行います。企業IはEの行動を見て、競争を仕掛けるか、共存を図るかを決めます。企業Eが退出した場合には、そこでゲームが終わります。各企業の行動の結果である利得の組み合わせは括弧内で表され、（Eの利得、Iの利得）という順に示されます。企業Eの戦略は{参入、退出}、企業Iの戦略は{Eが参入すれば競争、Eが参入すれば協調}と表されます。

もし企業Eが実際に参入した場合、企業Iはより高い利得を得るために競争ではなく協調を選びます。これを予想する新規参入者Eは、自分が参入して企業Iが協調した場合の利得（=2）と、自分が退出した場合のそれ（=0）を比べ、より高い参入を選択するでしょう。これが逆向き推論法ないしサブゲーム完全均衡の考え方です。

ここでの問題は、ナッシュ均衡と同じく、サブゲーム完全均衡を求めるプロセスは、すべてのプレーヤーが合理的であることを前提にしているということです。例えば、ゲームを図表②のように修正しても、サブゲーム完全均衡自体は変化しません。しかし、このゲームは、企業Eが「企業Iが自分に多大な不利益を起こす『競争』を選択しない」と確信している場合にのみ成り立ちます。実際には、－100という大きな損失の可能性を恐れて参入を控えるという行動が観察されてもおかしくはない、と考えることも可能です。

●図表①　参入ゲーム

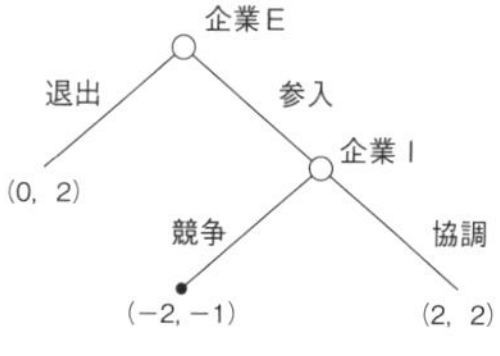

●図表②　修正された参入ゲーム

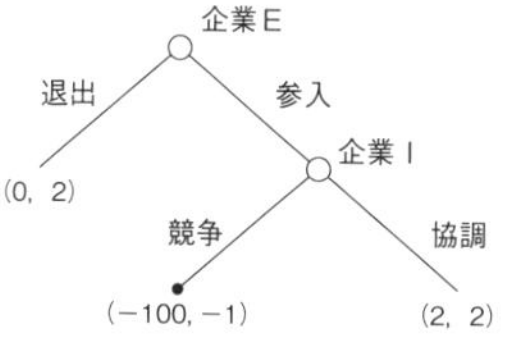

理論の予測する人間行動と現実にあるゲーム的な状況の下での人間行動に乖離が生じうることを、様々な例を用いて示していくことにします。

4　間違いの多い経済学の「くじ」選び――期待効用仮説とその限界

経済活動を行う我々は、一般に、消費や投資など経済活動の選択にあたって様々な不確実性に直面します。このことは、将来の収益性の変動が大きい金融資産の購入について特に当てはまります。不確実性が存在する場合には、人々はどのような原理に基づいて行動するのでしょうか。

効用の平均が最大になるように行動する――期待効用仮説

標準的な経済理論では、効用最大化アプローチが消費者問題の中心的なモデルです。同様に、不確実性の下での最も有力な行動モデルは、どの状況がどの程度の確率で発生するかという確率分布を所与のものとして、ある行動を選択した結果として得られる効用水準の期待値（確率分布でウェート付けしたもの）を最大化するような選択を行うというものです。

例えば、六面体のサイコロを振り、1～4が出れば効用10を、5あるいは6が出れば効用0を得るという状況があれば、効用の期待値は、$(\frac{2}{3})\times10+(\frac{1}{3})\times(0)=\frac{20}{3}$と計算されます。

効用の期待値を比較して行動を決定するアプローチは、一般に期待効用仮説と呼ばれる、フォン・ノイマンとモルゲンシュテルンによって確立された古典的な理論です。例えば、あるくじを買うか買わないかという状況を想定します。このくじはある確率分布に従い m 種類の結果 $(x_1, \ldots, x_m)$ を発生しうるもので、m 個のうちの1つの結果が実際に起こる結果となります。各結果が実際に起きる確率を p_i $(i=1, \ldots, m)$ とし、各結果 x_i から消費者が得る効用を $u(x_i)$ としましょう。

図表1-2　典型的な効用関数 $u(x)$

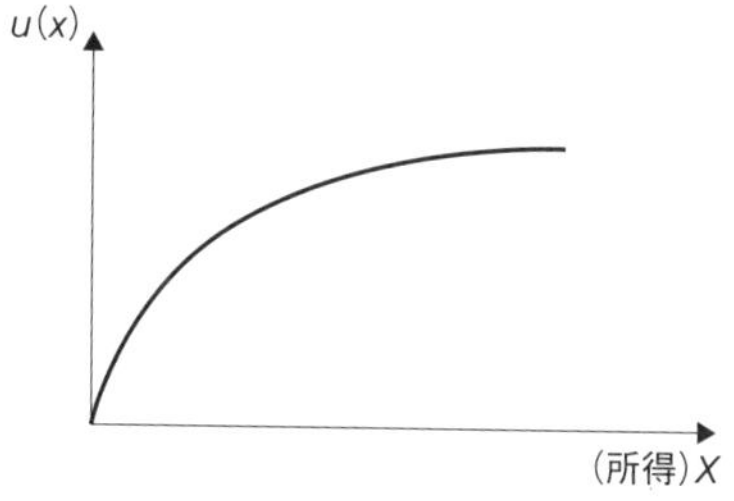

ここで、効用 $u(x_i)$ は、「くじ引き」の結果として手元に残る最終的な資産の水準 x_i についての関数であり、図表1-2のような形状を持つと仮定します。こうした形状は凹関数と呼ばれ、意思決定者がリスクを嫌い、安全性を求めるという危険回避性を持つことを表しています。

期待効用仮説は、「くじ」から得る効用として、生じうる各結果から得られる効用水準の期待値を1-1式のように計算して、これをくじを買わない場合の効用の期待値 $u(0)$ や他のくじを購入した場合の期待効用と比較し、人々が期待値の最も大きい選択肢を選ぶと仮定しているわけです。

$$EU = p_1 u(x_1) + p_2 u(x_2) + \cdots + p_m u(x_m) = \sum_{i=1}^{m} p_i u(x_i) \quad (1-1)$$

アレのパラドックスと期待効用仮説の欠点

期待効用は、先に述べたように生じうる結果からもたらされる効用水準の単純な加重平均として表されます。分析道具として非常に簡単で使いやすいという事情もあり、ゲーム理論などの文脈において、大前提として用いられている仮説です。

一方で、期待効用仮説には、その誕生以来古くから、その現実性に関して、現実の人間の行動とは整合的な仮説ではないという主旨の疑問や反論が呈せられているのも事実です。これらの批判のうち最も有名な反論が、「アレ（Allais）のパラドックス」です。次のような2つのくじがあるとします。

くじ1：確実に1万円を得る

くじ2：確率0・01で0円、確率0・10で5万円、確率0・89で1万円を得る

アレによると、この2つのくじを提示された人々の多くはくじ1を選択することが観察されています。期待効用仮説に沿って表現すれば、この観察は1－2式の関係が成り立っていることを意味します。

さらに次の2つのくじを考えます。

くじ3：確率0・11で1万円、確率0・89で0円

$$u(1万円) > 0.01 \times u(0) + 0.10 \times u(5万円) + 0.89 \times u(1万円) \quad (1-2)$$
（不等式の左辺はくじ1の、右辺はくじ2の期待効用を表します）

$$0.11 \times u(1万円) + 0.89 \times u(0) < 0.10 \times u(5万円) + 0.90 \times u(0) \quad (1-3)$$
（不等式の左辺はくじ3の、右辺はくじ4の期待効用を表します）

$$0.11 \times u(1万円) > 0.01 \times u(0) + 0.10 \times u(5万円) \quad (1-4)$$

くじ４：確率０・１０で５万円、確率０・９０で０円

アレは、多くの選択者がくじ３よりもくじ４を好むとします。これにより１－３式が成り立つことがわかります。

ここで、１－２式と１－３式を比較すると、１－２式の両辺から０・８９×u（１万円）を差し引くことにより、この式は１－４式のように変形されます。これは明らかに１－３式の結果と矛盾しています。

つまり、アレの発見した矛盾は、期待効用仮説が不確実性に直面する人々の行動や選択を十分に説明することができないということを説き、不確実性下の行動理論に関する何らかの代わりのモデルが必要であることを示唆しているわけです。この点については、第４章でさらに詳しく述べていきます。

５　将来の消費の選択は難しく移ろいやすい
――時間を通じた行動モデルと欠点

「超自制的」な人間を想像することは難しいということを述べた際に、時間を通じた行動の例として、消費と貯蓄の配分や、仕事をいつ実行す

るかについての決定などを挙げました。時間を通じた行動を分析する場合、分析が最も容易なように、各期における代表的な一つの行動（例として各期の消費額や仕事量）を対象として考えます。

特に、異時点間の人間行動のうち最も重要な消費の分析の対象は、バナナやパソコン、理髪サービスといった個々の財やサービスではなく、各時点の消費全体になります。

つまり、問題となるのは今日の消費や明日の消費であったり、今年の消費や来年の消費であったりするわけです。こうした動学的な消費のモデルは、年金制度などの公共経済の分析やマクロの消費や経済成長論などといった幅広い応用分野の基礎を築いています。

人々が2期間のみ生きる簡単なモデル

まず最も簡単なモデルである2期間モデルを分析し、時間を通じた消費決定の仕組みを理解しましょう。ここでは、消費者は2期間（期間0と期間1）だけ生存し、両期間とも消費活動を行うと仮定します[3]。消費者は期間0と期間1にそれぞれW_0およびW_1の所得を得るものとします。資本市場は完全とし、人々は特定の利子率で自由に貸し借りができるとします。利子率はr、つまり、期間0における1円分の貯蓄は期間1に$(1+r)$円となると仮定します。

なお、ここでは子供への遺産行動は考えません。さらに消費者の効用は、消費水準にのみ依存し、$U=U(C_0, C_1)$という形態をとるとします。ここでC_0は期間0の、C_1は期間1の消費額を意味します。

次に、消費者は、自分の生涯の消費が生涯の所得を上回らない範囲で期間０、１の消費水準を決定すると考えます。この制約は異時点間の予算制約と呼ばれ（数学的な導出は補論４に譲ります）、１－５式のような形で表されます。

$$C_0+\frac{C_1}{1+r}=W_0+\frac{W_1}{1+r} \qquad (1-5)$$

$$\frac{\partial U/\partial C_0}{\partial U/\partial C_1}=1+r \qquad (1-6)$$

各期の消費水準は、消費者が、今導出した異時点間の予算制約式を所与として、自身の効用を最大化することにより決定されます。わかりやすいように図表１－３にグラフで示すと、右下がりの直線は傾き（１＋r）の予算制約線を表します。効用関数Uは、グラフの無差別曲線で示されます。

図表１-３　異時点間の効用最大化
(2時点の場合)

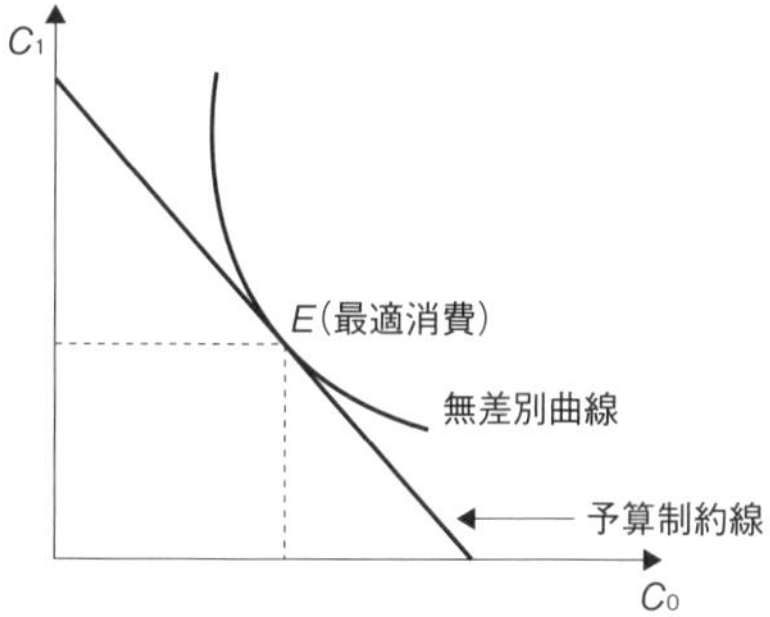

消費者にとって効用を最大化する消費の組み合わせは、無差別曲線と予算制約線が接するE点で与えられます。これは、基本的なミクロ経済の消費理論と同じです。詳細は補論４で述べますが、最適な時点０およ

び1の消費が満たすべき条件は1－6式となります。

応用としての多期間モデル

以上のように、2期間モデルは分析が容易でわかりやすいものですが、時間を通じた消費行動についてより精緻な分析を行うためには、多期間のモデルを用いるのが適当です。特に、多期間モデルの極限のケースである無限期間の消費モデルは、経済成長理論や景気循環理論においてもしばしば利用されています。各期の利子率をrとし、0期から始まり最終期をTとする多

次に、多期間の消費決定について見ます。多期間の効用最大化問題は、効用関数$U=U(C_0, C_1, \cdots, C_T)$を異時点間の予算制約、

$$C_0+C_1/(1+r)+\cdots+C_T/(1+r)^T=W_0+W_1/(1+r)+\cdots+W_T/(1+r)^T$$

を満たすように最大化することで解くことができます。2時点の場合と同様、最適消費の条件（オイラー条件と呼びます）は以下のような式になります。

$$\frac{\partial U/\partial C_t}{\partial U/\partial C_{t+k}}=\frac{1/(1+r)^t}{1/(1+r)^{t+k}}=(1+r)^k$$

最後に、多期間の消費決定モデルのうち、割引因子として本文で紹介した「指数的割引」を仮定した場合の最適消費のオイラー条件については、上の条件を以下のように変換することで得られます。

$$\frac{\partial U/\partial C_t}{\partial U/\partial C_{t+k}}=\frac{\delta^t u'(C_t)}{\delta^{t+k}u'(C_{t+k})}=(1+r)^k \Leftrightarrow \frac{u'(C_t)}{u'(C_{t+k})}=\delta^k(1+r)^k$$

$k=1$を代入すれば、隣接する2期間についての1－8式と同じ表現になることがわかります。

期間モデルの仕組みは、原則として2期間モデルのそれと大きく変わりません。

　つまり、消費者の生涯効用を各期の消費水準に依存する関数$U=U(C_0, C_1, \cdots, C_T)$で表し、これを生涯の予算制約を満たすよう最大化するというアプローチです（詳細は補論4を参照）。

　ここで、2期間モデルにもいえることですが、標準的な経済学では分析上の利便性から、効用関数Uの形状について特定の仮定を置くことが多くあります。特に頻繁に置か

補論4　時間を通じた消費モデル（オイラー条件の導出）

ここでは、2時点の消費決定モデルの最適解の導出方法を見ましょう。まず予算制約を考えます。期間0の消費は、同じ期間の所得マイナス貯蓄（貯蓄は、正値をとる場合には貯蓄、負の値をとる場合には借入を意味します）となるので、$C_0=W_0-s$と表せます。また期間1の消費は、同期間の所得に前期の貯蓄から得られる利子所得および元本を加えた総額（期間0に借り入れている場合は所得から借入の返済額〈利子プラス元本〉を差し引いた額）であるので、$C_1=W_1+(1+r)s$となります。この2つを組み合わせると、期間0の価格で表示した異時点間の予算制約式を以下のように導くことができます。

$$C_0+\frac{C_1}{1+r}=W_0+\frac{W_1}{1+r}$$

最適な解の導出方法は、通常の一時点モデルと基本的に同じです。つまり、最適な状態においては、各期の消費の限界代替率は各期の消費の相対価格（$1+r$）に等しいので[4]以下の条件が成り立ちます。実際の消費水準は、この条件と予算制約を満たすように決定されます。

$$\frac{\partial U/\partial C_0}{\partial U/\partial C_1}=1+r$$

れる仮定は、生涯効用関数Uは各期の効用関数uの集まりであり、各期のuは図表1-2で紹介したような凹関数でその期の消費のみに依存するというものです。

さらに、消費者は多かれ少なかれ将来の期の価値を割り引く（例えば、将来における100円は、今日における100円よりも価値が小さい）ため、各期の効用uは「割引因子」（δで表す）と呼ばれる係数で調整されます。割引因子について最も頻繁に利用される仮定は、隣接するどの2期間の割引因子も一定、つまりすべての期tについて、期間tと期間$t+1$の間の割引率は等しいとするものです。

これにより生涯効用Uは、1-7式として表されます。

この割引因子の仕組みは、期間0から始まって割引因子が指数的に変化していくため「指数的割引」（exponential discounting）と呼ばれます。この場合、効用最大化の条件は、隣接する2期間の消費の関係についてみれば1-8式として表されます（これを「オイラー条件」と呼びます）。ここで効用$u(C)=\log C$、利子率$r=0.05$、割引因子$\delta=0.95$という簡単な事例を考えると、オイラー条件から$C_{t+1}/C_t \approx 1$となります。つまり、各期の消費水準は概ね一定ということになります。

勿論、この結論は効用関数や利子率の仮定に依存するわけですが、一般論として、標準的な経済理論は、消費者が生涯の効用を最大化するよう、各期の消費水準を平準化しようとす

$$U(C_0,C_1\cdots,C_T)=u(C_0)+\delta u(C_1)+\delta^2 u(C_2)+\cdots+\delta^T u(C_T) \qquad (1-7)$$

$$\frac{u'(C_t)}{u'(C_{t+1})}=(1+r)\delta \qquad (1-8)$$

るということを述べているわけです。これは、モジリアニのライフサイクル仮説やフリードマンの恒常所得仮説など、経済学の有力な消費理論の要となる考え方です。また、オイラー条件により、ある2期間の消費の関係は、2つの期が互いにどれくらい離れているかのみに依存するということも、標準的な動学モデルの重要な結論といえます。

標準的なモデルの様々な限界

以上のように、標準的な異時点間の消費モデルは、原則的に一時点モデルの応用として分析することが可能です。しかし、このような標準的なアプローチによる多期間モデルには、様々な批判があることに注意するべきです。

まず一時点のモデルと異なり、時間を通じた行動モデルは、将来の長い期間を分析対象とするものであり、将来における所得や利子率といった情報を必要とするものです。この点から、消費者が各期の消費を決定するにあたってそのような膨大な情報を考慮に入れているのかどうかという合理性そのものに対する批判がありえます。また、モデルの構造として、ある期の効用がその期の消費のみに依存するという仮定も、過去の消費が将来の効用に影響を与える可能性を排除している点で厳しすぎるものでしょう。

また、標準的な指数的割引モデルは現実の消費者の性向を反映したものではない、という批判もあります。現実には、消費者は、より近い将来をより大きく割り引いて行動する、つまり1ヵ月後のことを考慮する場合に今の時点では割引の程度は小さいが、それが翌日に近づいた場合には割引の程度を大きくする（より忍耐強くなくなる）ケースが見られるのではないか、というのがこの批判の出発点です。第6章では、時間を通じた行動に関する現実的なアプローチについて、特に消費者の「忍耐強さ」の問題を中心に詳しく見ていきます。

ポイント

・伝統的な経済学が想定している「人間像」には、超合理的、超自制的、超利己的であるという問題点がある（ホモ・エコノミカスの問題）。
・ベイズ・ルール、ゲーム理論、期待効用仮説、時間を通じた消費決定モデルなどは経済学の標準的なツールであるが、いずれも現実の人間行動を的確に表現しているかどうかについては疑問がある。
・本書の目的は、こうした非現実的なホモ・エコノミカスの仮定をより現実的なものに緩めていくことで、現実の人間行動や経済現象がどのように説明されるかを見ていくことにある。

第2章　人間はどこまで合理的か？——限定合理性の経済学

1　人々は日々合理的に過ごしているわけではない

経済学の「合理性」に関する小話

ある日、経済学者のDさんとサラリーマンのEさんが人通りの多い通りを歩いていたときの会話です。

E「おい、そこの道端に500円玉が落ちているぞ」

D「そんなわけないさ。もし本当に500円玉が落ちているのだったら、誰かがとっくにそれを拾っているはずさ」

これは、経済学の合理性という概念を皮肉るときに用いられる有名な小話をアレンジしたものです。経済学者Dさんがいいたいのは、誰かが500円玉を落としてから、2人がそれを発見するまでに、必ず誰か別の人間がそこを通っているはずであり、人間が合理的な行動をとっているのであれば、その「誰か」は500円玉を見つけ、拾っているはずだということです。

人間が「合理的」な行動をとるとは、第1章で見たように、すべての利用可能な情報を用いて自らの利得を最大化することであると解釈してください。この意味で合理的な人間は、通りの端々に目を凝らし、たとえ1円玉であっても、それを見つけて拾うことになるでしょう。

消費者や投資家など個々の経済主体の行動を扱うミクロ経済学の分野の、ほとんどすべてといってよい教科書や論文の中では、これらの主体が合理的な経済行動をとることにより、効用を最大化しているということを前提としています。多くのミクロ経済学のテキストの導入部において、消費者の選好がどのような状況下でも整合的であるという議論（顕示選好）や消費者の一般的な効用関数 $U(x)$ の組み立てにページを割いているのは、経済主体の合理性という前提がいかに説得的であるかを示すためでもあります。

心理学的には人々は必ずしも合理的ではない

しかし一方で、心理学などにおける研究の中では、伝統的な経済学が仮定するほど消費者や投資家など個々の主体が合理的な行動をとるか、という問いに対しては否定的な答えが提示されているようです。例えば、先のたとえ話については、２人の前に通りを歩いていた人は、落ちている５００円玉に気づかなかったかもしれませんし、いちいち道端に目を凝らしているわけでもないかもしれません。こうした行動は、経済学の言葉では「合理的でない」ということになりますが、日常生活の中では当然に起こりうる現象であるといえます。

このように、人間の合理性に限界が生じる状況としては、例えば、数年に一度しか行われない耐久財の購入や生命保険などの保険商品の選択、あるいは結婚相手の選択など、機会がさほど頻繁ではなく意思決定者の経験が不足しているような場合が考えられます。また、日常のスーパーマーケットや１００円ショップなどでの細かい金額の買い物を行うような場合にも、消費者がいちいち細々とした効用最大化の計算をしているとは考えにくい面があります。

さらに、金融商品の購入や病院での治療方法の選択など、自分よりも高い専門的知識を持つ主体との間でやり取りが行われる場合にも、意思決定が相手方に影響されるなど、必ずしも合理的とはいえない決定がなされることもあるでしょう。

このように、少なくとも消費者という切り口で考えると、日常の経済活動の広い範囲において、人々は必ずしも合理的な基準に則った行動をとらない可能性があるということが指摘できます。

経済学の反論は妥当か？

このような心理学からの批判に対しては、経済学でも非合理性や限定合理性の存在を全く排除しているわけではないという反論もあります。つまり、標準的な経済学が描いている消費者像はあくまでも「代表的な個人」、あるいは「平均的な姿の個人」であり、現実の消費者の行動は、いわば誤差という形で、合理的な代表的個人の行動と乖離することはあっても、全体として集合化して考えれば誤差は互いに相殺され、最終的には代表的個人の行動原理に収束するという理屈はありえます。

ただし、このロジックがうまく機能するためには、誤差（現実の消費者の行動）は平均値（代表的な消費者の行動）に対してランダムな「ばらつき」を持っており、その「ばらつき」には偏りがない（システマティックではない）という仮定が成り立っていなくてはなりません。

しかし、現実の人間行動が、合理性からシステマティックな意味で乖離していると疑うには十分な理由があります。その根本的な要因として伝統的に考えられているものが、人々が効用最適化を行うために要する計算コストないし最適化費用の存在です。

現実問題として人々が合理的・最適な選択を行うためには、すべての利用可能な情報を駆使して自らの効用を最大化するよう計算や思考を行います。その一方で、こうしたプロセスにはある程度の費用（明示的な費用に加えて、思考に要する時間を他の活動に費やした場合に得られる利益を逃しているという意味の機会費用を含みます）がかかるという制約が存在するため、人々の行動の合理性には自ずと限界が生じるという議論がこれに当たります。そこで、次に、このような最適化費用の存在についての少し掘り下げた議論を見てみましょう。

2　物を考えるにもコストがかかる——最適化コストと限定合理性

人は完璧な答えを見つける前に満足してしまう

人々の合理性には限界があるという限定合理性の議論は、古くは経済学者のハーバート・サイモン（Simon 1955）までさかのぼります。伝統的経済学における「経済主体がすべての利用可能な情報を駆使し、すべての選択肢を検証することにより最適な行動をとる」という議論に対して、サイモンは、実際の経済主体は、その知識や計算能力に限界があることから、最適な解を求める「途中の」段階で、自分にとって最低限譲れない基準をクリアするような選択肢で満足してしまうという仮説（これを「満足化仮説」と呼びます）を提唱しました。

この満足化仮説は、人々がくまなく完全に行う最適化計算から導かれる「正しい」行動による便益と、完璧な最適化の計算を行うのに伴う費用の間にトレードオフの関係があるということに重要な要素があります。後者の費用が計算コストと呼ばれるものです。

サイモンの議論は、最適化の便益と費用というトレードオフ関係の中から、人々は比較的コストのかからない「定石」や「親指の法則」（ルール・オブ・サム）を採用することで最適な解にある程度近い選択をするという、限定合理性の存在を正当化するための議論の源流をなすモデルとなっています。

定石やルール・オブ・サムと呼ばれる判断や行動の中には、例えば、①オークションにおいて、自分が商品に対して感じている真の価値よりも幾分低い価格をビッドする、②遠方に見える物体までの距離を見晴らしのよさによって判断する、③退職後の備えとして必ず所得の10%を貯蓄するというルールを設ける、④手持ちの資産の（100－年齢）%の割合を株式に投資する、⑤クレジットカードで借金をしないよう自分を律する、といったような行動があります。

これらはすべて、緻密な最適化のプロセスに基づくものというよりも、他人のアドバイスや過去の人生経験から来る便宜的なものと考えられます。[1] マクロ経済政策を議論する際に、いくつかの重要な欠点にもかかわらずIS－LMモデルを用いて議論するという行動も、一種のルール・オブ・サムに基づく行動といえるでしょう。しかし、経済学の議論の中にあっては、こうした行動は、必ずしも正しい解にたどり着くとは限らないものであり、合理的ではない行動と位置付けられてしまいます。

最適化を実行するためのコストの存在

しかしながら、経済学は稀少な資源の配分に関する学問であるという根本原理に照らして考えれば、限界があるという意味で人間の認知能力は間違いなく稀少資源であり、経済学の最適化理論はこうしたコストを含めて構築されなくてはならないと考えるべきでしょう。実際、経済学者の何人かは、最適化コストの存在を認め、経済主体の最適化行動にこうした要素を注入しようという試みを行っています。

例えば、効用関数$U(X)$を最大化するよう消費Xを選択するという最適化問題があるとします。最適化コストがかからない場合、この問題の最適解を$X=X^*$であるとします。ここで、個人が$X=X^*$を見つけることにそれなりのコストがかかるものとし、①$X=X^*$を近似するために行使しなくてはならない努力水準をT、②$X(T)$を努力Tを払うことにより計算されるXの値、さらに③努力１単位に要する費用をCとすると、新しい最適化問題は２－１式のように努力水準Tについての問題として表されます。

通常の最大化問題と同じく、この問題の解は、数学的には２－２式を満たす$T=T^*$と表されます。

$$\max U(X(T)) - CT \quad (2-1)$$
$$\partial U(X(T))/\partial T = C \quad (2-2)$$

簡単にいえばこの条件は、努力するのに伴う限界的な費用（C）が努力によって得られる限界的な便益（限界効用）に等しいというものです。人々はこの条件を満たすよう、努力水準T^*や消費水準$X(T^*)$の水準を決定します。

このような定式化の試みは、限定合理性の存在さえ受け入れれば、一見すると自然であり、分析も容易であるように思えますが、実は重要な問題が1つ存在します。

この点をコンリスクの論文（Conlisk 1996）に沿って見てみましょう。まず、人々がとりかかろうとする最適化問題で、最適化コストを一切考慮しないものを仮に「問題P」と名づけましょう。次に、最適化コストの存在を含めた問題を「問題F(P)」と呼ぶことにします。

ここで重要なのは、人々がこの修正されたF（P）という問題自体を解くに際して、再度計算コストがかかるかもしれないということです。この点を踏まえて、問題F（P）にその最適化コストを加味した最適化問題を問題F^2（P）と置いたとしても、再度この問題を解くために要するコストを考慮しなくてはならないことになります。

このように、ある最適化問題は、それを解くために無限に最適化コストを伴うという問題に陥ってしまいます（コンリスクはこれを「堂々巡りの問題」〈regression problem〉と呼んでいます）。このため、分析上の都合から多くの既存研究では、上の囲みに紹介した計算例のように、もとの問題であるPに最適化コストを一度だけ考慮した$F(P)$にのみ着目することが多くなります。

このように簡素化されたアプローチが妥当かどうかについては、人々がこの修正された最適化問題$F(P)$をコストなしに解けるほどの高い計算能力を持っていると仮定してよいのかという判断に拠ることがあります。このアドホックさは、サイモンを源流とする最適化コストによる限定合理性の議論の限界と見ることもできるでしょう。

以下では、一定の計算コストの存在により、個々人の行動が合理的経済学の想定と乖離するという事例についての議論に移りますが、堂々巡りの問題は限定合理性の経済学における重要な課題であるということは心に留めておくべきです。

3　限定合理性の存在を示す事例――ゲーム理論の実証研究から

日常生活において人々の行動が完璧な合理性を持たないという疑いが非常に強いということは再三述べてきましたが、伝統的な経済理論が予測するところと反して現実の経済行動（例えば投資活動や貯蓄と消費の選択）に限定合理性があるということを証明するには、何らかの実証分析が必要となります。

1つの方法は、標準的な経済理論から予測される行動パターンと現実の行動パターンを比較することです。そしてそこにギャップがあれば、これを限定合理性の証拠とするアプローチです。

例えば、人々の時間を通じた消費行動に関しては、第1章でも見たような古典的なモデル（モジリアニらのライフサイクル仮説など）を検証するような実証分析が行われています。具体的には、バーンハイムや共同研究者たち（Bernheim *et al.* 2001）は、退職後の消費水準が以前のそれよりも著しく低下するという現象に関して、「消費の平準化」の仮説と整合的な形でこれを説明することは困難であり、消費行動に何らかの非合理性が存在する可能性が高いとしています。

また、為替レートの決定理論に関しても同様のアプローチによる研究がなされています。もし、先物為替レートが、将来時点の直物為替レートに関する市場の合理的な予想を織り込んでいるのであれば、先物レートは将来の直物レートの最良の推定値であるはずです。(2) ところが、フランケルとフルート（Frankel and Froot 1989）は、外国為替の変動要因によるリスク・プレミアムの要素に加えて、為替市場の参加者の予想形成に何らかの非合理性があることから、2つの為替レートは一致しないということを示しています。

こうしたアプローチは、経済学の中では一般的なものといえますが、一方で現実とモデルの乖離の原因をすべて限定合理性に起因させてしまうことが果たして望ましいことなのかどうかは、議論があるところでしょう。

これに対し、限定合理性を検証するもう1つの方法論として、物理や生物学、心理学などの世界では一般的な実験を用いるという手法があります。実験手法を用いる経済学、つまり実験経済学は、ある経済行動モデルの是非を検証するために、架空の実験室を作り出し、無作為抽出により十分な数の人々をサンプルとして実験室に参加させ、彼らが実験者の定めるルールの下で実際にどのような行動をとるかを観察・分析するという手法です[3]。

実験においては、それぞれの被験者になぜ特定の行動をとったかを説明してもらうことが多いので、実験経済学は経済行動における合理性に関するより直接的な証拠を提供することが期待されます。

わかりやすい例としては、2人のペアを複数選んで、「囚人のジレンマ」をプレーしてもらい、現実の人々の行動と理論上の行動（2人ともが「自白」という裏切り行為に出る）とが異なるか否かを見るというものが挙げられます。こうした実験によって、合理性の基準からは外れるような行動が観察された例はいくつもあります。ここでは代表的なものとして、マクロ経済分析に関する例を1つと、ゲーム理論に関する例を2つ挙げておきます。

名目価格をとるか実質価格をとるか——貨幣錯覚の現象

マクロ経済学でよく話題になる経済行動に、貨幣錯覚（money illusion）があります。貨幣錯覚とは、伝統的な意味では、人々が賃金などを評価する際に、実質価格よりむしろ名目価格に反応した経済活動を行うことを指すもので、名目価格や名目賃金の硬直性を説明しうる議論の1つといえます。

しかし、人々が実質価格に反応しないという現象は、合理的な行動基準によっては説明できないという理由から、マクロ経済学では長い間すたれた議論とされてきました。

例えば、日本でデフレーションが進行しはじめた1990年代末以降、「価格低下は技術進歩による生産性向上や外国からの安い輸入品の流入によるもので、日本の購買力を高めるのだからよいではないか」というういわゆる「よいデフレ論」が出たときも、経済学者の多くは「これは相対価格と絶対価格を混同した議論である」と一蹴しました。確かに、人々が合理的な経済プレーヤーであると考えれば、貨幣錯覚の存在を議論すること自体意味のないことかもしれません。

しかし、最近の研究において、シェイファー、トヴェルスキー、ダイアモンド（Shafir, Tversky and Diamond 1997）は、実験手法を用いて、人々が名目価格に反応するか否かという貨幣錯覚の検証を試みています。具体的には、賃金の上昇や一般物価のインフレーションに関する架空の質問を参加者に提示し、彼らの反応を見るという実験を行いました。

結果は、本質的に同じことを聞いている質問であっても、人々は、実質価格の重要性が明確に質問中に表現されている場合には、合理的な行動、つまり実質価格の変化を重視する行動をとるが、実質価格云々を強調しないような質問においては、むしろ名目価格の変化に反応するというものでした。

シェイファーらは、こうした結果をもって、名目価格による表示から成り立っている我々の日常生活では、いわゆる貨幣錯覚が頻繁に発生しうるのではないかと推測しています。貨幣錯覚の存在は、例えば労働者が賃金交渉において名目賃金の水準の高低に固執するという現象につながる可能性もあり、名目賃金の下方硬直性にも大いに関係してくるでしょう。この点は、本書でも何度か触れることになりますので、心に留めておいてください。

合理的な人はゼロの利得を追い求める？――美人投票の現実

次に、実験による人間行動の実証例をゲーム理論の分野から見ることにしましょう。まず美人投票と呼ばれるゲームを考えます。美人投票とは、ケインズが投資家の行動原理の一端を表すのに用いた事例で、新聞紙上において読者それぞれが、掲載された複数の女性の顔写真から、誰が最も美しい人として票を集めるかを推測するという状況を指します。ここではゲームの設定を一般化して以下のように表すことにしましょう。

手順1　各プレーヤーは他人に知られないように0から100のある値を選択する
手順2　ゲームの審判は各プレーヤーの選択した数字を集計し、平均値Xを算出する
手順3　平均値Xに$\frac{2}{3}$を乗じ、これをYとする
手順4　プレーヤー中Yに最も近い数字を選択した者が勝者としてY円を得る

各プレーヤーの合理的行動を仮定するゲーム理論は、このようなゲームの均衡結果をどのように予測するでしょうか。「支配される戦略の逐次消去」を用いて考えましょう。各プレーヤーの選ぶ数の平均として、生じうる数値のうち最も高いものは、全員が100を選択した場合の100です。このため、各プレーヤーにとっては、$\frac{2}{3}\times100=66.66$より大きい値を選択しても勝者とはなりえないことになります（$\frac{2}{3}\times100$より大きい値を選ぶことは、支配された戦略です）。

しかし、これでは話は完結しません。というのは、さらに他のプレーヤーが同じようなロジックを持つとすれば、平均値Xとして生じうる最大の値は$\frac{2}{3}\times100=66.66$となるためです。このため、$\frac{2}{3}\times\frac{2}{3}\times100=44.44$以上の値を選択しても、各プレーヤーは決して勝者とはなりえないことになります（図表2-1参照）。

図表２-１　美人投票における「逐次消去」の考え方

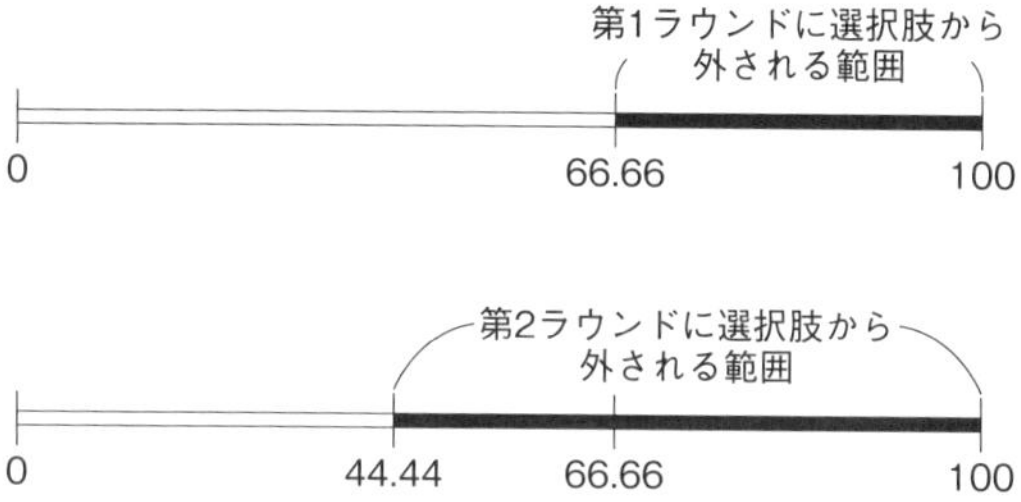

このような逐次消去プロセスをN回繰り返す結果として残される最適な戦略は、$[0, (\frac{2}{3})^N \times 100]$ の範囲に絞られます。ここでNが無限大、つまり各プレーヤーが無限に合理的であるとすれば、最適な戦略はゼロに収斂することがわかるでしょう。

詳しくは説明しませんが、ナッシュ均衡によっても同じ結果が導かれます。つまり、合理的なプレーヤーを前提とするゲーム理論の均衡概念を用いれば、予測される行動は各プレーヤーが数値ゼロを選択するというものとなります。

それでは現実には、このような人々の行動が観察されるのでしょうか。ナイジェルが行った実験研究（Nagel 1995）によると、先に述べた設定の下で、ゲーム参加者の選択した値の平均は約36（つまり数値24を選択することが勝利）という結果が出されています。

重要なことは、人々は実際の場面においては、ゲーム理論が仮定するような高次の合理性をもって行動していないということです。平均Xが36であるというナイジェルの実験の場合には$\left(\frac{2}{3}\right)^N \times 100 = 36$、つまり人々がせいぜいN＝2～3回程度の逐次消去の思考プロセスを行うにとどまっていることがわかります。

　無限には合理的ではない人々が、現実に数値を選択する際の基準としては、
①以前の経験、
②極端に高いま

験者が健康で風邪にかからなかったのかを区別することができません。こうした場合には、混同要因を避けるために、サンプルをコントロールする必要があります。

　ワクチンの例では、基本的に互いに似通った体質のサンプルを2つのグループに分け、一方にはワクチンを打ち、もう一方には何もせず、風邪の発症の度合いの違いを見ることが適切です。2つのグループの風邪の発症率の差は、限りなく正確にワクチンの有効性を示すデータとなります。経済学の実験も同様の措置を講じる必要があるというわけです。
　④嘘をつかない
　①とも関連しますが、実験では全くの絵空事をテーマにするべきではありません。珍妙な設定であるほど、被験者は真剣に行動しようとはしないからです。特に美人投票ゲームなどで「勝者には賞金を贈る」といっていたのに実際には与えないというようなことをしてしまうと、被験者グループは次回からサボタージュしてしまい、きちんとした実験が行えなくなってしまう可能性があります。
　⑤フィードバックとデブリーフィングの機会
　実験を行ってもやりっ放しでは有益だとはいえません。例えば複数回にわたって「囚人のジレンマ」などの実験をするような場合、被験者に実験ごとに結果を教えてやらないと、学習効果が働かず、次回以降も同じ過ちを繰り返すという意味で、全体の結果にバイアスの働いたものになってしまうかもしれません。その意味でフィードバックは重要です。また、本文でも少し触れましたが、被験者がなぜ特定の行動に出たかについて理由を聴取することで、被験者がどのような行動原理・心理過程で特定の行動をとったのかが把握できるので、デブリーフィングの機会も重要な要素です。

たは低い値、③あてずっぽう（ランダムな推測）、④他の似たような状況からの類推、などが考えられます。

いずれにしても美人投票モデルの実験結果からわかることとしては、通常のゲーム理論においては、すべての参加者が同質、つまり皆が同じ

補論５　「よい実験」を行うには……

本文でも説明したように、実験手法は経済学の実証分析の可能性を広げる有益なツールです。しかし、ただやみくもに実験を行えばいいというわけではありません。実験の設計が悪ければ、たとえ実験者にとって望ましい結果が得られたとしてもその信頼性が疑われることになってしまいます。ここでは、そのような問題を回避するような、よい実験の要素を見ていきます。

①被験者への動機付け

実験を行っても、参加者である被験者が「どうせ遊びだから」という気持ちで行動してしまっては、人間行動の本質を探るという実験の意義が失われてしまいます。このため、実験の参加者には十分なインセンティブが与えられることが必要です。具体的には、美人投票ゲームの勝者には実際に賞金を贈るなど金銭的なインセンティブを与えることが考えられます。また、被験者が実験の内容に興味を持って真剣に取り組むよう本能に訴える動機付けも重要です。

②明確な問題設定

実験の問題設定が難しかったり、理解困難であったりすると、被験者は混乱し、実験結果は信頼のおけないものになってしまいます。このため、実験の設定は簡潔かつ明瞭に、誰でもわかりやすいものである必要があります。

③他の説明要因の排除

経済学に限らずすべての実験に共通していえることですが、実験の結果を説明する要因として、検証したい仮説以外の要素が含まれてしまうと、その実験結果は信頼性が低いものになります。例えば、ワクチンの有効性を試す実験で、健康な人だけが接種のサンプルであった場合には、ワクチンが効いたのか、たまたま被

選択肢に直面する中で同じ行動を起こし、同じ利得を得ると予測されるのに対し、現実のゲーム参加者は、推測の出発点、思考の方法、思考プロセスの深度といった点で互いに異質であるという点です。

言い方を換えれば、ゲーム理論的なフレームワークでは、他人より「一歩進んで」競争を勝ち抜くことは理論上ありえないことであるのに対し、現実の世界では、他者の行動の合理性の限界を想定し、競争の「一歩先を行く」ことは十分に可能であり、また（利得を結果的にゼロよりも増加させるという意味では）望ましい行動ともなりうるわけです。

このように、ゲーム理論のロジックをいたずらに現実問題に適用することは、洗練された戦略とはいえません。一方で、ゲーム理論は人々の行動様式に関するある程度の基準点（ベンチマーク）を与えてくれることも事実です。現実における最適な戦略は、ゲーム理論の純粋合理的な考え方と、他の競争相手の合理性の限界を認識するという両方の要素を兼ね備えるものであるといえます[4]。

逆に自分自身が洗練されていないプレーヤーである（あるいはそう感じている）場合には、①損失を最小化する（いわゆるマキシミニ戦略）、②そもそもゲームに参加しない、などが処方箋といえるかもしれません。

なお、ナイジェルによる実験結果からは、①参加者の知能指数（ＩＱ）の高低、②行動決定までに与えられる思考時間の長短、③実験の勝者に与えられる賞金の大小は、実験の結果に大きく影響を与えないことがわかっています。逆に、同じゲームを繰り返して行うことによる学習効果は大きく、選択値Xを下げる効果があることもわかっています。

オークションでは損がつきもの——逆選択と「勝者の呪い」

次に、あるプレーヤーが別の人間（仮にFと呼びます）が所有する企業を買い取るという取引を想定します。このゲームのルールは具体的には以下の通りです。

1　Fさんはある会社を所有し、その価値は〔0, 100〕に一様分布（図表2－2参照）している

2　Fさんは会社の真の価値を知っている

3　あなたは会社の真の価値を知らないが、自分が会社を所有した場合、会社の価値はFさんにとってのそれよりも1・5倍であることはわかっている（つまりあなたの方が効率的な経営ノウハウを持っている）

4　あなたはある額を会社の購入額として提示する。もしその額が真の価値を上回れば、Fさんは会社をあなたに売る。もし提示額が真の価値を下回ればFさんは会社を手放さない（これを take-it-or-leave-it のルールという）

図表2-2 〔0, 100〕の一様分布

このような状況でプレーヤーであるあなたは、会社買収の対価としていくらを提示するべきでしょうか（少しの間考えてみましょう）。

最も単純な答えは、「会社の価値の期待値は50である」→「故に私にとっての会社の価値の期待値は1.5×50＝75である」→「故に50から75のいずれかの額を提示する」というものでしょう。実際に行われる実験結果でも大半の回答はこの範囲に収まることが知られています。

しかし、これは非常に単純な考え方です。合理性を前提とする経済学に基づく正確な答えは、以下のようなものになります。「もしFさんが私の提示額bを受け入れたとすれば、実際の価値はbを上回ることはない。つまり真の価値は〔0, b〕に均一分布されているはずである」→「故に会社の価値の期待値は$b/2$であり、私にとっての価値は1.5×0.5b＝0.75bである」→「故に、私にとっての期待利得は、0.75b－b＝－0.25b、つまり損失である」→「期待利得を最大化（ないし期待損失を最小化）するには、最適な提示額bは0である」

つまり、合理的に意思決定を行えば、提示額はゼロ（あるいはビッドに参加しない）というのが合理的な答えであることがわかります。

このように、取引の対象となる情報（例の場合、買収される企業の真の価値）について非対称性が存在する場合に、合理的なプレーヤーによる行動の結果、均衡として相対的に劣悪な価値を持った企業所有者のみが市場において取引される対象として残ることになります。このような現象は「逆選択」の１つの事例であり、オークションに関する行動経済学の研究においては、一般に「勝者の呪い」（winner's curse）とも呼ばれています。

「勝者の呪い」とは、オークションにおいて落札に成功した勝者が、結果として自身が想定したよりも低い価値の商品しか得られないという現象を意味するもので、リチャード・セイラーは、同名の著書 *The Winner's Curse*（邦訳『セイラー教授の行動経済学入門』）において、60年代の米国政府による油田開発の競争入札において、勝者の呪いが頻繁に観測されたことを指摘しています。

具体的には、ある石油会社が、開発地帯に関する自社の見積額をもとに行った入札額で現実に開発権を落札した場合、実際の油田の価値は入札額を下回ることが多いというわけです。

勝者の呪いには、①入札者が逆選択の仕組みを理解しているため見積額よりも大幅に割り引いた額を提示し落札した場合、油田の真の価値は落札額を上回るものの当初の見積もりよ

図表2-3 「勝者の呪い」における行動パターン（概念図）

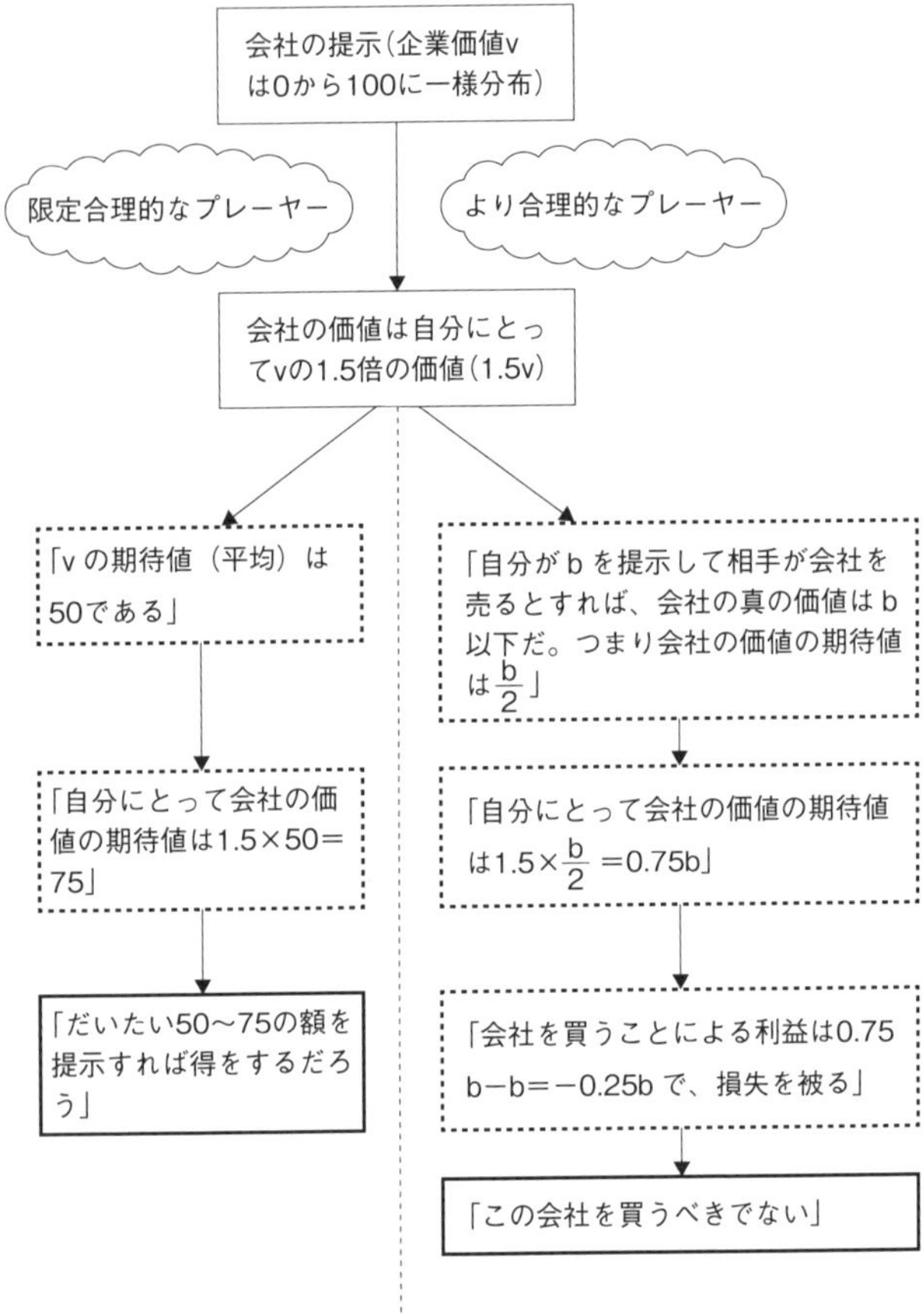
会社の提示(企業価値v
は0から100に一様分布)
限定合理的なプレーヤー
より合理的なプレーヤー
会社の価値は自分にとっ
てvの1.5倍の価値(1.5v)
「v の期待値（平均）は
50である」
「自分にとって会社の価
値の期待値は1.5×50＝
75」
「だいたい50〜75の額を
提示すれば得をするだろ
う」
「自分が b を提示して相手が会社を
売るとすれば、会社の真の価値は b
以下だ。つまり会社の価値の期待値
は$\frac{b}{2}$」
「自分にとって会社の価値の期待値
は1.5×$\frac{b}{2}$ ＝0.75b」
「会社を買うことによる利益は0.75
b−b＝−0.25b で、損失を被る」
「この会社を買うべきでない」

りは低くなるという「弱い意味」の呪いと、②入札者が逆選択を理解していないため、開発権を落札した場合には大きな損失を被るという「強い意味」の呪いの双方が考えられます。

いずれの場合にも、現実の入札者の行動がゲーム理論の予測するナッシュ均衡とは乖離したものであることは興味深いものです。実験経済学の分野では、人々が真に合理的であるか勝者の呪いに陥るかを見るために、壷にいくらかの金銭を入れ、この壷をオークション参加者にビッドさせるという実験を行っています。やはりここでも、落札額の平均値は真の価値を大きく上回るという（強い）勝者の呪いが多く観察されています⑤。

4　非合理的な人間の存在は市場を動かす――限定合理性のインパクト

ここまでは、ゲーム的な状況や現実の経済取引など様々な場で経済主体の合理性に限界が生じうることを示してきました。このような限定合理性のアプローチに対する伝統的な新古典派経済学者からの反論の1つに、「個々人に限定合理性があることは否定しないが、人々の間違いは構造的なものではなくランダムなものであるため、市場全体としては個々人の限定合理性による影響はないはずである」というものがあります。

本節では、再び美人投票モデルなどの事例を用いることにより、合理性経済学者の反論の

$$x=\frac{9\times 0+50}{10}=5 \qquad (2-3)$$

$$x'=\frac{9\times 4.75+50}{10}=9.275 \qquad (2-4)$$

$$x_{k+1}=(0.95)\frac{9\times x_k+50}{10} \qquad (2-5)$$

（x_kはk回の思考プロセスの結果として選択されるべき値を示します）

$$x_{k+1}=p[ux_k+(1-u)50]\Rightarrow x_k=\frac{p(1-u)50}{1-pu} \qquad (2-6)$$

是非について検証してみます。結論からいえば、限定合理性ないし非合理性を持った経済主体が存在することは、直接的に、あるいは、合理的な経済主体の行動に影響を与えることを通じて間接的に、市場全体の結果に少なからずインパクトを与える可能性があることがわかります。

再び美人投票モデル

再び美人投票モデルを考えてみましょう。前節の例とは異なり、参加者の選択した値の平均値xに乗数として（$\frac{2}{3}$ではなく）0・95を乗じた値Yに最も近い数字を提示したものが勝者となることにします。またゲームの参加者は10人とし、このうち1人が非合理的な参加者であり、常に50という値を選択するものと仮定します。一方、残りの9人はすべて合理的に行動します。この場合、合理的な参加者はどのように行動すべきでしょうか。

まず、出発点として、合理的なプレーヤーは本来のゲームのナッシュ均衡（＝ゼロ）を選択すると考えます。非合理的な参加者は常に50を選択するため、10人のプレーヤーの選択した値の平均 x は２－３式にあるように５となります。

このため、ある合理的なプレーヤーにとっては、数値として0.95×5＝4.75を選択するのが妥当であるかもしれません。しかし、他の８人がこの仕組みを理解し４・７５を提示してくるとすれば、平均値 x' は９・２７５となります（２－４式参照）。

故に、合理的なプレーヤーにとっては数値0.95×9.275＝8.81を選択することがより望ましいかもしれません。こうした思考プロセスを繰り返すことにより、各人が選択するべき値は２－５式のように表されます。

x_k の係数が１より小さいことを踏まえると、k が無限大に近づくにつれて、x_k は収束、つまり $x_{k+1} = x_k$ となります。この場合では x_k ＝32・８、全参加者の選択値の平均は34・５となります。

ここで重要なことは、人口のうちわずか１割を占めるに過ぎない非合理的な参加者の存在が、参加者全体の行動を、全員が合理的な場合のナッシュ均衡（つまりゼロ）から大きく乖離させてしまうということです。これをより一般化し、合理的な参加者が人口に占めるシェアを u、乗数を p としましょう。すると十分大きい数の k 回の思考プロセスの結果選択するべき値 x_k は、２－６式となります。

ここで合理的な参加者の割合が1に近づく場合には $x_k=0$ に収束することが、また乗数 p が1に近づく場合には $x_k=50$ に収束していくことがわかります。

要約すれば、現実の行動の結果は、①合理的なナッシュ均衡というファンダメンタルズの効果（ゼロの方向に牽引）と、②乗数が大きくなるにつれ、一握りの非合理的な参加者が均衡点をファンダメンタルズから乖離させる効果（50の方向に牽引）、のバランスで決定されてくるものであり、先天的な意味で合理的な均衡が達成されるとは限らないということです。

非合理的な人間の存在によって、市場がファンダメンタルズから乖離するというこのモデルの結論は、大きな意味を持ちます。例えば、1990年代後半にアジア地域を襲った通貨危機は、一部の非合理的な市場参加者の予想が1つの契機だったのではないかという可能性も指摘できるわけです。

また、80年代末の日本や90年代末のアメリカにおける株価の形成についても、非合理的な投資家の存在が市場価格を歪め、株価をファンダメンタルズから乖離させた可能性もあります。この点は第5章において再度触れます。

アカロフの近似合理性と貨幣錯覚、価格の硬直性

2001年のノーベル経済学賞受賞者アカロフとイエレン（Akerlof and Yellen 1985）は、本章で述べてきた限定合理性と非常に近い概念として、消費者や企業の行動に近似合理性

（near rationality）が観察されると議論しました。

近似合理性とは、自らの効用ないし利潤を最大化していないという意味で非合理的であっても、合理的に行動しないことによる損失は極めて小さいために、ルール・オブ・サムや惰性に基づいた経済行動をとっているような経済主体は、自らの効用などを最大化するために、あえて従来の行動を考え直す強い誘引を持たない、という考え方です。

近似合理性に関して重要なポイントは、個々の経済主体が合理的ではない行動を起こすことにより被る損失はそれほどの大きさではない（２次的オーダー）にもかかわらず、非合理性の存在は市場全体に無視できない影響（１次的オーダー）を与える可能性があるということです。

例えば企業の価格設定を考えてみましょう。ここで、独占的競争下にある企業の価格設定行動を想定します(6)。独占的競争とは、複数の企業からなる市場であるが、個々の企業が自身のブランドを持ち、その範囲で独占的に行動するような市場を指します。

独占的競争下にある企業は、完全競争下とは異なり、自社商品の価格を調節することにより、利潤を最大化することができます。価格を横軸、利潤を縦軸に置くと、独占企業の利潤を表すグラフは図表２－４のように描かれます。

当初の利潤曲線の下では、価格p^*において利潤が最大化されています。ここで需要に正の

図表2-4　近似的合理性の下では「間違い」によるロスは小さい

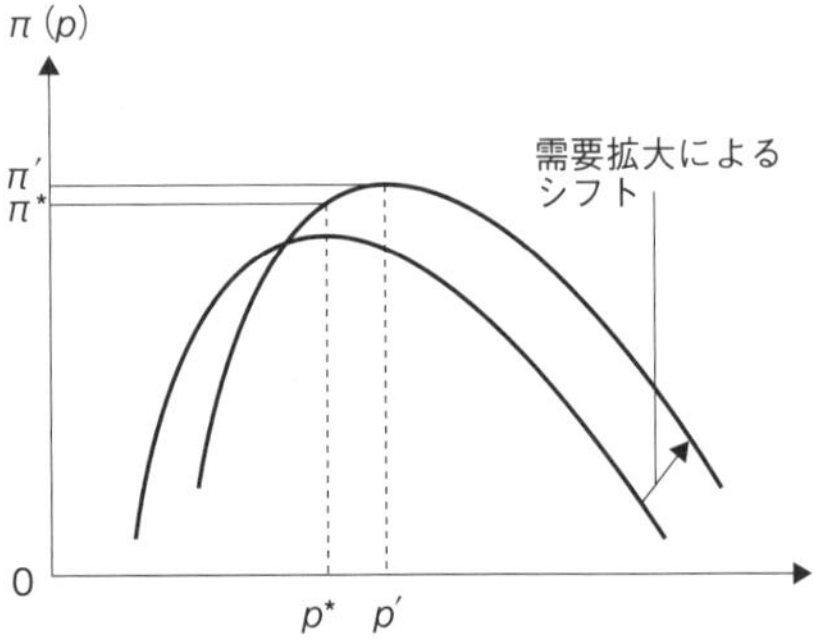

ショックがあったと仮定します。需要の増大は利潤曲線を右上方にシフトさせると考えると、利潤を最大化させる価格を上昇させます（p'）。しかし、企業にとっては、何らかの理由で価格をp^*に据え置いても、その際得られる利潤π^*は、厳密に利潤最大化を追求した場合に得られるπ'には及ばないものの、その差は微々たるものとなります。

こうした状況に直面する企業が多く存在すれば、需要の増加に対して、市場全体としての価格水準が動かないというケースが発生する可能性が出てきます。

アカロフらのモデルは斬新なものではありますが、①企業の近似合理性の背景にはどういった要素が存在するのか、②なぜ独占的競争下の企業の多くが価格を据え置くことになるのか、という点についてのロジックが厳密ではありません。①の独占的競争下の企業が先述のような近似合理性により価格を据え置く理由としては、マンキューの考え出したメニューコスト[7]の他に、既に触れた貨幣錯覚の現象が考えられます。ここでは貨幣錯覚の概念を用い、②の論点に絡めて、なぜ貨幣錯覚の存在が市場全体の価格の調整メカニズムに影響を与えるのかを見てみましょう[8]。

独占競争下にある企業i（$i=1,\dots,N$）の利潤は、市場価格に対する自社商品の相対価格と市場の需要動向に依存すると仮定すると、2－7式として表されます。

$$\pi_i=\pi_i\left(\frac{P_i}{\bar{P}},\frac{M}{\bar{P}}\right) \qquad (2-7)$$

ここで、P_i、$\bar{P}$、Mはそれぞれ、企業iの設定する名目価格、市場の物価水準、マネーサプライを表します。$M/\bar{P}$は実質の総需要を表す代理指標と考えます。仮に、すべての企業が合理的であり、貨幣錯覚に陥らないような場合には、市場においてすべての企業の価格について$P_i=\bar{P}$が成立し、マネーサプライMの増加は、各企業および市場における価格を比例的に増加させるはずです。

しかし、ある一部の企業iが合理的ではなく、貨幣錯覚に陥っているとすると、この企業は自身の製品価格P_iを十分に調整しないかもしれません。さらに別の合理的な企業が、このような非合理的な企業の価格据え置きを予測したとすると、完全合理的な場合とは異なり、実質総需要$M/\bar{P}$の水準が変化することを予想し、結果としてMの増加とは比例しない名目価格の設定が行われる可能性が出てくることになります。

ここで、企業iの利潤最大化の結果として設定される名目価格P_iが市場の名目価格$\bar{P}$と正の相関を持っているような場合（これを「戦略的補完性[9]が存在する」

といいます）には、市場における価格調整に時間がかかる、つまり、名目価格の硬直性が生じえます。

いい換えれば、Mにショックがあった場合でも、貨幣錯覚により、ある企業の名目価格がショック以前の水準近くに保たれれば、他の合理的な企業にとっては自身の製品価格をショック以前の水準近くに据え置くことが合理的な判断となるわけです。

結果として、戦略的補完性が存在する場合、少なくとも理論的には、少数の非合理的な生産者の貨幣錯覚は、他の合理的な企業に対して、非合理的な企業の行動に倣って価格設定を行うという誘因を与えることにより、市場全体の名目価格の調整を遅らせ、価格が硬直的となる可能性が出てくる

より複雑な商品ほど消費者は、その商品の持つ正確な効用を判断することができないという仮定を置いて、企業が自社の商品にどのような価格設定を行うのかを理論的に考察しました。彼らの主要な結論は以下の通りです。

①商品が複雑であるほど、消費者の価格に対する反応（弾力性）は小さくなり、結果として高めの価格設定が行われる、②商品が複雑であるほど、当該商品の市場に参入する企業数が増える一方で、高めの価格は維持される、③競争が激化するほど、企業は商品の複雑性を強める。

簡単にいえば、経済学で一般に望ましいとされる完全競争下であっても、価格の上乗せを通じて消費者の厚生が損なわれるかもしれないとしていることを、これらの結論は物語っています。突拍子もない主張に聞こえるかもしれません。しかし、現実の世界で、多くの事業者が似たような、しかし複雑化した商品を販売しているという事実は、単に消費者嗜好の多様化や技術進歩だけで、説明できるわけではなく、ガベらの理論がある程度妥当なものであることを示していると考えるべきでしょう。

ことがわかります。

マンキューの支出者・貯蓄者モデル

限定合理性を持つ経済主体の存在が経済全体に影響を及ぼしうる事例の最後として、マンキューが論文（Mankiw 2000）において展開している「支出者・貯蓄者モデル」（Savers-Spenders model）を紹介します。

消費者の合理性を前提とする新古典派経済学においては、消費者が時間を通じた消費の平準化を行うことにより、消費と所得の間の相関は低くなるとされています。マクロ経済学の世界では、ラムゼーらの無限期間を生きる代表的個人モデルやダイアモンド（Diamond 1965）の世代重複モデルといったモデルは、合理的な消費者による消費平準化を前提としており、一時的な減

―― 補論６ 限定合理的な消費者の裏をかく企業？ ――

本文では、限定合理性の問題や含意について、主に消費者、個々人の観点から考えてきました。これに対して、企業という経済主体については、人の集まりであり、また経営者という人によってリードされているという面で、個々人と同じように限定合理性を抱えるということは否定できませんが、一般的にいえば、企業は個々人よりは多くの情報を持ち、それを処理する能力に長けていると考えられます（なお、第5章では、企業サイドの合理性の問題として、機関投資家の投資行動を例に簡単に触れます）。

むしろ、モノやサービスを生産・販売する企業は、需要者である消費者の合理性の限界をうまく利用して商売をするという可能性があります。乾電池という身近なモノから金融サービスという高度なサービスに至るまで、多くの商品は消費者にとって、各々の細かい違いがわかりにくく、また限定合理性の理由からいちいち各製品の違いを精査することにはコストがかかります。ガベとレイブソン（Gabaix and Laibson 2003）はこの点に着目し、

税は将来の増税が予測される場合には消費に影響を与えないといった政策的含意を提供しています。

マンキューのアプローチの原点は、この合理的消費者という仮定に疑問を持ち、人口の中に完全に合理的で消費平準化を行う消費者に加えて、その消費活動が何らかのルール・オブ・サムに従う非伝統的な消費者が存在することを仮定することにより、マクロ経済への含意が変化してくると予測することにあります。

ここで合理的な消費者は、一時的な所得の増加を貯蓄に回すという意味で「貯蓄者」と、またルール・オブ・サムに従う消費者については、一時的な所得の増加であっても一定割合を消費に回すという意味で「支出者」と、それぞれ呼称されています[10]。後者のような惰性的な性質を持つ消費者の存在については、マンキューとキャンベル（Mankiw & Campbell 1989）やシェア（Shea 1995）の過去の実証研究において、その可能性が指摘されています。

マンキューのモデルは、このように2つのタイプの消費者を想定して従来の新古典派的なマクロ経済モデルを修正することにより、①一時的な減税は財貨・サービスに対する需要を大きく増加させる、②政府負債は、税制が経済に歪みを与えない一括税である限り、長期的には資本をクラウド・アウトしない、③政府負債の発行は不平等を拡大する、といった結論を打ち出しています。

　このうち①は、モデルの構造上、所得の増加を消費に回す惰性的な消費者を想定していることから自然に導かれます。短期的な需要への効果の大きさは、支出者のシェアの大小によります。

　一方、②については、公債の発行による財政支出は、合理的な消費者（貯蓄者）の行動を一義的には変化させないものの、支出者の消費を拡大させます。消費の拡大は貯蓄減を通じて投資を減退させるので、資本の限界生産性および利子率を高めることになります。これにより貯蓄者は貯蓄を増加するインセンティブを持つようになります。こうした貯蓄の増加は資本の限界生産性が定常状態の水準に収斂するまで続くことになり、短期的にはともかく、長期的には資本ストックをクラウド・アウトしないことが予想されるというわけです。

　また、③については、以上のロジックから、長期的には、貯蓄者は多くの貯蓄をし、支出者は相対的に少ない貯蓄に甘んじることになり、結果として格差を拡大することになります。

ポイント

・標準的な経済学が想定する「超合理的」な人間とは異なり、現実の人々は、莫大な情報を処理して自分にとって最適な行動を計算するほどの計算能力や認知能力を持っていない、つまり現実の人間は限定合理性を持つ。限定合理性をモデル化する試みの１

つに、最適化のためのコストを効用最大化のプロセスに含めるという考え方がある。
・限定合理性は、日常の買い物や老後への蓄えから、ケインズの指摘した資本市場の美人投票やオークションでの「勝者の呪い」といったゲーム理論的な文脈まで人々の経済活動に溢れている。
・限定合理的な人々の行動は、それ自体の影響に加えて、合理的な人々の行動をも変化させることを通じて、市場全体にインパクトを与える。例えば、価格・賃金の硬直性などを説明する1つの手段として限定合理性の概念が用いられることがある。

第3章　近道を選ぶと失敗する——信念や判断に潜む罠

1　我々につきまとう「近道選び」の誘惑

人々がよく陥る「手短」な判断方法——3つの事例

「大の野球ファンのGさんは、昨シーズン以来打率3割以上の好打者Hが10打席連続で無安打なのを見て、『Hの打率を考えれば次の打席こそはヒットを打つだろう』と予測しました」

「夏休みに帰省で博多に帰ろうとしているIさんは、隣家の住人だったJさんが以前不幸にも航空機事故で亡くなった事実を覚えており、『時間はかかるけど、飛行機は危ないから、新幹線で帰ろう』と考えています」

「大学受験で世界史の試験を受けているKさんは、『1850年にアメリカに存在した州の数はいくつか』という問題を前に、『アメリカは1776年に13州で始まったから、正解は16かそこらだろう』と推測し、次の問題に移りました」

これらのたとえ話は、すべて、この章のテーマである「近道選び」（ヒューリスティックス）と呼ばれる行動パターンが、我々人間の思考回路の中で大きな影響力を持っていることを表しています。

第2章では、人間の行動には問題認識や問題解決能力に限界があるという理由から、完璧な合理性は期待できないということを説明しました。そこでも述べたように、限定合理性の議論は、経済プレーヤーとしての人間が、問題を解決するプロセスを簡単にするために、意識的あるいは無意識のうちに、「親指の法則」（ルール・オブ・サム）という一般的に賢いと考えられている手頃なルールを用いることを意味しています。

親指の法則は、「貯蓄率を10％に保つルール」など特定の行動パターンを指すものです。これを一般化した概念で、ある問題の正解に近い答えを、複雑な計算や思索を経ることなしにはじき出すための思考方法が「近道選び」と呼ばれる行動原理です。

後に詳しく述べますが、先の3つの例では、

①Gさんは、打者Hが次にヒットを打つかどうかを考えるには、より長い範囲の打席を考

慮に入れるべきである

②Iさんは飛行機を利用するか否かを決定する際には、移動時間やコストとともに民間旅客機が墜落する客観的な確率を考えるべきである

③Kさんは州の数を正確に考えるために、アメリカが歴史的にどのように領土を拡大していったかを思い出す必要がある

といった具合に、近道選びは、本来人々が正しい意思決定を行うために経なければならない複雑な過程を省略してしまっているわけです。

不確実性が存在する下で頻繁に起こる近道選び

一般的に、近道選びは、人間の問題認識や解決のスピードを速めますが、その一方で、問題に対する必ずしも正確ではない答えを導いてしまうという危険性もはらんでいます。近道選びによって発生する間違いは、バイアスと呼ばれ、時には人間の行動を大きく誤らせることにもつながります。

近道選びによって現実の行動が決定される状況として最もありうるのは、状況が不確かな場合、つまり不確実性が存在するようなケースでしょう。一般に人々は、確率的な判断を要するような状況の下（例えば、選挙の結果や将来の為替レートの判断など）で、第1章で見たようなベイズ・ルールなどの厳密な確率理論の手法ではなく、より簡便な思考プロセスに

基づいて自分の判断や信念を形成しがちです。人々の考える主観的な確率が、正確な客観的確率と食い違うということです。

２００２年にノーベル経済学賞を受賞した心理学者のダニエル・カーネマンと共同研究者エイモス・トヴェルスキーは、この分野の先駆者的存在です。彼らの論文や著書[1]は、主に不確実性が存在する下での人々の問題認識プロセスに着目し、合理性モデルにメスを入れることで、経済学をはじめ、政治学、経営学などの学問分野の発展に貢献してきました。

彼らの多大な業績の中でも最も重要なメッセージは、近道選びによる人々の判断上のバイアスは、伝統的な経済学者が主張するようにランダムに発生するものでは必ずしもなく、人々の思考プロセスに共通に見られる構造的なものであると唱えたことにあります。

この章では、特に、カーネマンとトヴェルスキーの近道選びに関する研究成果を、具体例を交えつつ紹介します。具体的には、２人が唱えた、不確実性に直面する人間の判断につきまとう3つの代表的な近道選び――これらは①代表性（representativeness）、②利用可能性（availability）、③係留（anchoring）と呼ばれています――について、その症状や原因を考えていきます。

また、近道選びと同様、人々の判断上のバイアスに関連する問題として、自分自身の判断に対する自信過剰や自信過小（あるいは保守主義）、自分の判断が間違っているような場合に人々が見せる非合理的な反応（認知不協和）といったテーマについても簡単に触れていきます。

2　法則がないところにあえて法則を見出す――代表性の近道選び

既に述べたように、カーネマンとトヴェルスキーが発見した近道選びには３つのパターンが存在します。この中でも人々に最も顕著に見られ、ファイナンス分野など応用範囲が広いと考えられるのが、「代表性（representativeness）の近道選び」です。

代表性の近道選びとは、統計理論に基づく推測を行うべき状況――具体的には、「ＸがＹに含まれる確率はいくらか」や「ＷがＺを生み出す確率はいくらか」という問題設定にもかかわらず、厳密な確率判断の代わりに、「ＸはＹにどれくらい『似ているか』」「ＺはＷの特徴をどれくらい『代表しているか』」といった基準――を、主観的な確率の判断に利用してしまうことを意味します。例えば次のような問題を考えてください。

『Ｌさんは、シャイで引っ込み思案ですが、皆の役に立つ人物でもあります。一方で、Ｌさんは、他人のことや世情に関心が薄い人です。そのおとなしさゆえか、Ｌさんは物事の秩序や構造といったものを大事にし、物事の細部に非常なこだわりを持っています』という描写があります。ここで、Ｌさんの職業が、農業、営業、パイロット、図書館司書である確率はそれぞれいくらでしょうか？

この問題を見た人々はごく普通の反応として、「描写されたLさんの属性は、典型的な農民、セールスマン、パイロットあるいは図書館司書に、それぞれどの程度似ているだろうか」という発想から答え探しを始めるのではないでしょうか。結果として人々は、Lさんの描写は典型的な図書館員に近いものと判断して、「Lさんが図書館司書であるという確率」を高めに出すかもしれません。

しかし描写されたLさんの属性はあくまでも性格的なものであり、必ずしも職業選択とは関連が高くないかもしれません。もっといえば、より正確な答えは「Lが各職業に従事している確率は、人口に占める農業従事者、営業職、パイロット、図書館司書のそれぞれのシェア」となるべきでしょう。

もちろん、「Lさんが図書館司書である可能性が高い」という答えは、結果として、実際の正解に近いかもしれません。しかし、Lさんの職業観に関する情報が他になければ、この判断が間違っている可能性も高いわけです。

いい換えれば、代表性の近道選びとは、本来客観的な意味で法則が存在しないようなところに、人々が「○と×は似ている」「△の特徴は□の典型だ」という直感的な判断で、主観的な法則を導き出してしまう行動ということができるでしょう。

このように、仮に代表性による近道選びが正確な答えを導くのであれば、コストをかけず正確な解が得られるという意味でとても望ましい思考方法と考えられます。しかし、往々にして、代表性の近道選びによる主観的な確率評価は、正確で客観的なものからは乖離してしまいがちです。以下ではこうした近道選びの結果、人々の行動にどのような間違いの症状が出てくるのかを見ていきます。

「AかつBである確率」が「Aである確率」より大きい!?——結合効果

代表性の近道選びによって到達する確率判断が、合理的な判断とは異なってくる症状のうち、最も典型的なものの１つが「結合効果」（conjunction effect）です。結合効果とは、具体的にいうと、複数の事象、ＡとＢ、およびその結合事象「ＡかつＢ」について、それぞれ確率を判断するよう問われた場合に、「ＡかつＢ」という事象に対して、「Ａである」あるいは「Ｂである」という確率よりも高い確率をあてがってしまう傾向を指します。例えば、以下の、カーネマンとトヴェルスキーによる有名な問題を考えてください。

リンダさんは31歳、独身で、社交的かつ明朗な性格の持ち主です。彼女は学生時代には哲学を専攻し、差別や社会正義について深い関心を持ち、反核運動にも参加していました。以下の8つの記述について、最もありうるものに1、最もありえないものに8という基準で評価を行ってください。

(a)リンダさんは小学校の教師である
(b)リンダさんは書店に勤務し、また、ヨガに通っている
(c)リンダさんはフェミニズム運動家である
(d)リンダさんは精神病院に勤めている
(e)リンダさんは「女性有権者の会」会員である
(f)リンダさんは銀行の窓口係である
(g)リンダさんは保険外務員である
(h)リンダさんは銀行の窓口係でフェミニズム運動家である

カーネマンとトヴェルスキーが複数の被験者を集めて実際に行った実験結果によれば、それぞれの選択肢にあてがわれた得点の平均値は、以下のようなものでした。

(a)5・2 (b)3・3 (c)2・1 (d)3・1 (e)5・4 (f)6・2 (g)6・4 (h)4・1

ここで問題となるのは、選択肢h「リンダさんは銀行の窓口係でフェミニズム運動家である」という選択肢cおよびfの結合事象が、f「リンダさんは銀行の窓口係である」という確率よりも高いという評価を受けていることにあります。これは確率理論における結合のルール、Pr(c∩f)≦Pr(f) に明らかに反する現象です。

これは、被験者の多くがリンダさんの性格などについての描写を見て、「社交的・快活＝

銀行窓口係」や「女性であり、過去に社会運動の経験あり＝フェミニズム運動」という発想で確率判断を行った結果、代表性の近道選びにとらわれてしまっている可能性を示唆しています。こうした実験結果は、被験者グループの持つ統計知識のバックグラウンドのいかんにはさほど左右されないということもわかっています[2]。

母集団の情報を無視する――基準確率の無視

次に、カーネマンとトヴェルスキーの例を少しアレンジした以下の問題を考えてみましょう。

> ある男性Mさんは、エンジニアが30%、経済学者が70%であるような母集団から抽出された1人です。彼は背広を着ています。Mさんがエンジニアである確率（p_1）はいくらでしょうか。

次に、別の問題として以下を見てください。

> ある男性Mさんは、エンジニアが70%、経済学者が30%であるような母集団から抽出された1人です。彼は背広を着ています。Mさんがエンジニアである確率（p_2）はいくらでしょうか。

カーネマンらは、これら2つの問題を、ランダムに選んだ2つの被験者グループに別々に尋ねました。このような問題に対する厳密な答えを出す上で重要なポイントは、「Mさんが

$$p_1 = \Pr[En|S] = \frac{\Pr[En \cap S]}{\Pr[S]} = \frac{\Pr[S|En] \times \Pr[En]}{\Pr[S]} \qquad (3-1)$$

（Enはエンジニアである事象を、Sは背広を着ているという事象を表します）

$$\frac{p_1}{1-p_1} = \frac{\Pr[S|En] \times \Pr[En]}{\Pr[S|Ec] \times \Pr[Ec]} \qquad (3-2)$$

（Ecは経済学者であるという事象を意味します）

$$\frac{p_1/(1-p_1)}{p_2/(1-p_2)} = \left(\frac{3}{7}\right)^2 \cong 0.283 \qquad (3-3)$$

$$\frac{p_1/(1-p_1)}{p_2/(1-p_2)} \approx 1 \qquad (3-4)$$

背広を着ている」という情報は、Mさんの勤め先を示すという観点では情報価値がほとんどないということです。

第1章の補論1で見たベイズ・ルールを用いれば、Mさんがエンジニアである確率は3－1式のように表されます。

これを用いて「エンジニアである確率／エンジニアでない確率」を表すオッズ率の比を求めると、3－2式のようになります。

ここで背広を着ているという事実は、人がエンジニアであるか経済学者であるかという問題からは独立であるので、オッズ率は$\frac{3}{7}$となります。同様に、2番目の問題に関するオッズ率は$\frac{7}{3}$となるので、2つの問題のオッズ率の比は3－3式のようになるはずです。

いい換えれば、それぞれの実験の被験者が出す答えは、このオッズ率の条件を満たすような確率の組み合わせ（p_1、p_2）でなくてはなりません。

しかしカーネマンらの実験によると、被験者の多くは3－

4式を満たすような確率（p_1、p_2）を答えたことがわかっています。

これは「Mさんが背広を着ている」という情報によって、回答者が母集団に関する情報（基準確率）をないがしろにしてしまったということから説明できます。

これに対して、基準確率のみを問題文として提示した場合、つまり背広を着ているか否かという事実については一切触れないような問題設定の場合には、多くの被験者がベイズ・ルールによる正解と整合的な結果を報告すると予想されます。

これはまさに、被験者の多くが「典型的な経済学者は、エンジニアよりも高い可能性で背広を着ているであろう」と考える代表性の近道選びにとらわれている証拠と考えられるわけです。

サンプルが大きい方がバラツキが大きい？——標本数の無視

再びカーネマンとトヴェルスキーの有名な実験から以下の問題を考えてみます。

ある町には2つの病院があります。大きい方の病院では一日に45人の赤ちゃんが誕生していますが、小さい方の病院では一日に15人の赤ちゃんが生まれています。一般的に赤ん坊が男の子である確率は50％ですが、一日当たりの割合は日によって変動します。そこで町では、ある1年間に、2つの病院で一日に生まれる男の子の割合が60％以上であるような日数を数えました。2つの病院のうちどちらがより多くこのような「日」を計測したでしょうか。

カーネマンらの実験結果は、被験者の多くが「大きな病院の方が男の子が60％以上である機会が多い」と考えたというものでした。しかし、実際の「合理的な」解答は、「小さい病院の方が男の子の生まれる確率が60％以上の日が多い」というものです。なぜでしょうか。確率理論のルールでは、標本数が小さい方が平均値（50％）からのバラツキがより大きいからです。

しかし、被験者の回答からは、一般的に人々がサンプル数の違いを正確に考慮して答えを考えているわけではないことが想像されます。この現象も、人々が「数が多い＝男の子が60％を超える回数も多い」という代表性の近道選びに陥っていることを示唆しています。

「小数の法則」あるいは「ギャンブラーの過ち」

人々は一般的に、コイン投げやサイコロなどのランダムな事象に直面する場合、トスなどの試行の回数（シークエンス）が短い場合であっても、それがランダムな事象の真の性質を表しているものと勘違いしてしまいがちです。

例えばコイン投げを考えてみましょう。3回コイン投げをして3回とも表が出たとすれば、次はそろそろ裏が出ると考えるようなケースが、このような勘違いの典型的な事例であり、「ギャンブラーの過ち」（gambler's fallacy）と呼ばれています。

別の見方をすれば、このような勘違いに陥っている人々は、「表裏表表裏裏」というシークエンスの方が「裏裏裏裏裏裏」というものよりも発生する可能性が高いと考えてしまいます。しかし、シークエンスが十分長い場合にはじめて、統計理論の大数の法則により、表と裏がほぼ半分ずつの割合で発生すると考えるのが正しい考え方であって、サンプル数が小さいのに表と裏が同等の確率で発生すると考えるのは大きな間違いであるわけです。

カーネマンとトヴェルスキーはこのような人々の思考方法を、大数の法則をもじって「小数の法則」（law of small number）と呼びました。冒頭の例で紹介したスランプ状態の野球の打者について、Ｇさんが「次はヒットが出る」と予測するのは、ここで説明した小数の法則の典型的な症例といえるでしょう。

将来の予測を歪める代表性の近道選び

将来の予測も、しばしば代表性の近道選びの問題にさらされます。例えば、もしある会社に関して都合のいい情報（新しい商品の新ＣＭの放送など）が提示された場合、株式投資家は、たとえその情報が会社の収益力とは関係が薄いものであったとしても、その情報が会社の今後の業績（例えば同社の株価収益）がよいことを示すシグナルと判断してしまうかもしれません。

しかしファイナンスの理論では、会社の将来の収益力を示す情報がなければ、一般的に株価の最良の予測値は今日の株価であるというランダム・ウォーク仮説が主張されており、もしこれが正しいのであれば[3]、今述べたような人々の予測行動は適切なものとはいえません。

異常値の扱いと「平均への回帰」

ランダムな確率変数のある時点における実現値が、高すぎたり低すぎたりする、いわゆる異常値であった場合、次の時点で、変数はその期待値に収斂する方向に動くと考えるのが統計学の一般的な考え方です。これは時に「平均への回帰」と呼ばれる考え方です。しかしながら、人々はしばしば直観的に、異常値であるにもかかわらず、前回の実現値が次回に実現する値を示唆するものであると勘違いしてしまう場合があるかもしれません。つまり、平均への回帰を正しく予測することができないということです。

カーネマンとトヴェルスキーが挙げた興味深い例としては、あるパイロット養成学校において、生徒の飛行練習がうまくいかなかったときに叱責し、逆にうまくいった場合には表彰するという慣例があったのですが、学校側がこれを勘違いして「叱責すればその生徒の次の飛行練習はうまくいく」という法則を見出してしまったというものがあります。

これは、養成学校の学生は潜在的にはある程度うまく飛行できるわけで、たまに異常値という形で失敗したとしても、次回の飛行は「平均」の姿により近い形で成功すると考えるのが自然であって、「叱責したから成功した」と考えるのは筋違いというわけなのです。

3 手っ取り早く手に入る情報を優先する——利用可能性の近道選び

代表性の近道選びに加えて、一般的に人々はある事象の確率を、その状況がどの程度頭に思い浮かびやすいかをもって、つまり、手っ取り早く思い浮かぶ情報を優先させて判断しようとしがちです。カーネマンとトヴェルスキーは、このような認識プロセスを「利用可能性（availability）の近道選び」と呼びました。利用可能性の近道選びを行うような人々は、頭に思い浮かびやすい事象に対しては過大な確率を、逆に思いつきにくい事象に対しては過小な確率を与えるというバイアスを持つことになります。

具体的な症状としては、例えば、多数の人物の名前を列挙したリストを見せて、「このリストには男性と女性のどちらが多いか？」と尋ねた場合に、もしリストに芸能人や政治家など有名な男性の名前を多く含んでいれば、「男性の方が多い」と答えてしまうというような傾向が考えられます。

人々の頭に浮かびやすいのはどのような要素でしょうか。主として、①人がその事象について知識を持っている（親近性）、②以前ニュースなどでその事象について聞いたことがある（重要性）、③その事象が個人的に関連を持つ（属人性）、④比較的最近起こった事象である（最近性）などが考えられます。

例えば、氏名リストの中の有名人男性の名前では、リストを見た人がその有名人を「知って」いれば、当然「リスト中に男性がいる」という情報が優先されます。また、人間の記憶力にはある程度の限界があります。投資家が最近のトレンドだけで今後の株価の動きを判断しようとするのは、「より最近の現象」を判断材料に優先的に含ませていることを意味します。隣人Jの飛行機事故の記憶が帰省の際の交通手段の決定に影響を与えているという冒頭のIさんの例は、極めて「属人的」な情報が意思決定を左右していることの典型例といえます。

利用可能性の近道選びによるバイアスについては他にも次のような事例が引き出せます。

(1)「英単語のうちrで始まる語と3番目の文字にrがくる単語とを比べた場合どちらが多いか」という質問に対して、多くの人が、「rで始まる単語の方が思いつきやすい」という理由で前者を答えとして選択します。しかし、正確には3番目の文字にrが含まれる単語の方が数は多く、利用可能性の近道選びが誤った答えを導いていることがわかります。

(2)「10人の中からk人のグループを作る場合に、k＝2とk＝8でどちらが多くのグループを作れるか」という質問に対しては、やはり無視できない割合の人々が、2人の組み合わせのグループの方が、8人のそれよりも頭に浮かびやすいために、k＝2人と答えがちであるという現象があります。しかし、数学上の組み合わせの公式から、k＝2でもk＝8でも形成されるグループの数は同じ（45通り）であり、前の例と同様に、近道選びによるバイアスが働いていることがわかります。

先に述べたいくつかの事例は主に実験結果から導かれたものですが、利用可能性の近道選びが働いていると考えられる、より身近な例としては、兄や姉といった年上の兄弟を持つ人はそうでない人に比べて老後への備えをより十分に行う、あるいはパソコンなどある程度の知識を要するような製品の購入時の判断がテレビや新聞などの一部の広告内容に大きく影響されるという場合があるでしょう。いずれも「手近にある情報が判断の材料として優先的に利用されている」という利用可能性のパターンに当てはまっています。

逆に、我々が、現実問題として不確実性の下で行動を求められる場合に、利用可能性の近道選びによるバイアスを回避あるいは減殺するための方策としては、

①生じうる可能性をできるだけ頭に列挙する
②普段想像しないような状況を思考実験する
③苦い記憶や楽しくない記憶を思い出すのをあえて避けるなどといった自分自身の記憶構造の偏りを正しく理解する

などといったものが考えられます。

ただし、これらの方策はいずれも、有形・無形のコストを伴うことにも留意しましょう。結局のところ第2章で見たように、近道選びという行動は、情報をくまなく集めることのコストと便益のバランスをとる結果として選択されている側面があるわけです。人によって程度の差こそあれ近道選びのバイアスが全く排除されることはない、と考えるのが適当でしょう。

4 情報は時に必要以上に影響力を持つ——係留効果

問題文に書かれた情報に潜む罠

カーネマンとトヴェルスキーが提唱した3つの主要な近道選びのうちの最後のものは、係留効果(anchoring)と呼ばれるものです。係留効果とは、人々が物の大きさや価格などの数量的な評価を行う際、答えがその時にもたらされている情報に左右されるという仮説を指します。

具体的には、

①「ミシシッピ川は70マイル以上か以下か?」という問題提起の後に出される「ミシシッピ川の全長はどれくらいか?」という質問に対する回答

②「ミシシッピ川は2000マイル以上か以下か?」という問題提起の後に出される「ミシシッピ川の全長はどれくらいか?」という質問に対する回答

この2つの回答を比べ、前者が後者よりも統計上有意に小さければ、質問を受けた回答者は、「70マイル」や「2000マイル」という与えられた情報に影響を受けているということが予想されます。冒頭で述べたような世界史の試験の例では、受験者のKさんは「1776年に13州」という情報に引きずられている可能性があるという意味で、係留効果が発生している事例といえます。

人々の認知プロセスがこのような係留効果を示す理由としては、第一に、人々の思考が、ある出発点（つまり、設問にもたらされる情報など）からスタートして、これを調整した上で解答をはじき出すということが考えられます。こうした調整は、大体の場合、真の正解にたどり着くほどには十分に行われないので、結果として答えはバイアスを持つことになるでしょう。この考え方は、第2章で見たサイモンの満足化仮説に近い概念ともいえます。

第二に、人々は一般的に、設問に含まれた情報を正しい答えにつながるヒントとして捉えるかもしれないということがあります。正解とは全く関係ない情報であっても、人がこれをヒントと受け取ってしまえば、その答えはある程度引きずられてしまうことが予想されます。

第三に、人々が無意識のうちに設問に含まれた情報などと矛盾しないような記憶や知識をあえて記憶の中から引き出そうとする思考プロセスも、係留効果の背景として考えられます。設問に含まれる情報を正解に関する情報として正当化するために、自分の持っている知識を歪曲化して使ってしまうということです。

カーネマンとトヴェルスキーは、係留効果の存在を確かめるために、ランダムに選んだ被験者を2つのグループに分け、国連におけるアフリカ大陸の加盟国数を質問するという実験を行いました。その際、第一のグループに対しては、0から100という整数からランダムに抽出された10という数字を、第二のグループに対してはやはりランダムな60という数字を提示しました。結果として、第一グループの回答の平均値は25ヵ国、第二グループの平均値は45ヵ国というものでした。

カーネマンらによれば、この結果はまさしく被験者グループの不完全な調整プロセスによるものであり、係留効果の存在を裏付けているということになります。

またカーネマンらは、2つの被験者グループにそれぞれ上の囲みのような算数クイズを短い時間（例えば10秒以内）で答えるよう質問した場合、第一の設問（降順）を受けた被験者の回答の平均値は2250となったとレポートしています。この状況もまた、設問の最初に現れている数字（昇順の場合は1、降順の場合は8）に影響されて、被験者グループの回答が歪められていることを示していると考えることができます。なお、この問題に対する正しい答えは40320で、両グループの回答とも全くかけ離れたものになっています。

$1 \times 2 \times 3 \times 4 \times 5 \times 6 \times 7 \times 8 = ?$
$8 \times 7 \times 6 \times 5 \times 4 \times 3 \times 2 \times 1 = ?$

また、より経済学的な応用例として、第2章の貨幣錯覚の現象を係留効果で説明することも可能です。繰り返しますが、シェイファーらの実験においては、あるグループには実質価格を強調した質問を、他のグループには実質価格を強調せず名目価格のみに言及した質問をしました。各グループの答えがそれぞれ実質価格と名目価格に影響されたという結果は、ここで述べた係留効果の兆候を表しているのではないかと考えられるわけです。

さて、係留効果は、代表性や利用可能性と同じく、人間行動に見られる近道選びの傾向を提起したという点で画期的な仮説といえます。しかしその一方で、批判として、カーネマンらによる実験結果は被験者が回答にかける時間を短く絞っているために生じているものであり、実験結果はその意味で決定的なものではないというものがあります。

つまり、回答に要する時間が短く限られている場合には係留効果は発現しやすいが、回答の時間が十分ある場合には、被験者の回答は係留効果の影響を受けないという可能性があることに十分注意が必要なわけです。

連続して起こる事象には高めの確率を予想する

次に、係留効果に起因する別の種類のバイアスについて見てみましょう。カーネマンらの次の実験を考えてください。

(1)①赤玉50個および白玉50個が交ぜられた箱の中から1回の抽出で赤の玉を取り出すという事象と、②赤玉90個、白玉10個の箱から（1回ごとに玉を戻すとして）7回続けて赤玉が出るという事象では、どちらの確率が高いでしょうか。

(2)①赤玉50個、白玉50個の箱から1回の抽出で赤の玉を取り出すという事象と、③白玉90個、赤玉10個の箱から7回の抽出中最低1回赤の玉を取り出すという事象では、どちらの確率が高いでしょうか。

カーネマンらの実験結果によると、問題(1)に対しては、被験者の多くが「事象②の確率が高い」と答えました。しかし、事象②が発生する確率は$(0.9)^7=0.478$であり、事象①の確率（0・5）よりも低いため、この回答は明らかな誤りです。同様に、問題(2)に対しては多くの人が「事象①の方が確率が高い」と答えています。しかしこの場合、事象①の確率0・5は、事象③の確率$1-(0.9)^7=0.522$よりも小さく、やはり人々の回答は間違いであることがわかります。

このように、一般的に人々は、事象②のような連続的な（conjunctive）事象の確率を過大評価し、事象③のような離散的な（disjunctive）事象の確率を過小に見積もる習性があるといえます。

このような思考のプロセスも、係留効果で説明することができます。なぜなら、事象②を提示された被験者は、赤い玉のシェアである0・9という数字に引きずられて、「赤が7回出るという確率」について正解よりも高い確率で思考が止まっていると考えられるからです（事象③についても同様のロジックが成り立ちます）。

この他、係留効果によるバイアスの事例としては、株価予測やある都市の人口などを主観的に判断する場合に、自分自身の推定値の信頼区間（例えば、98％信頼区間など）を必要以

図表３-１　「近道選び」を行う人とそうでない人の思考回路の違い（概念図）

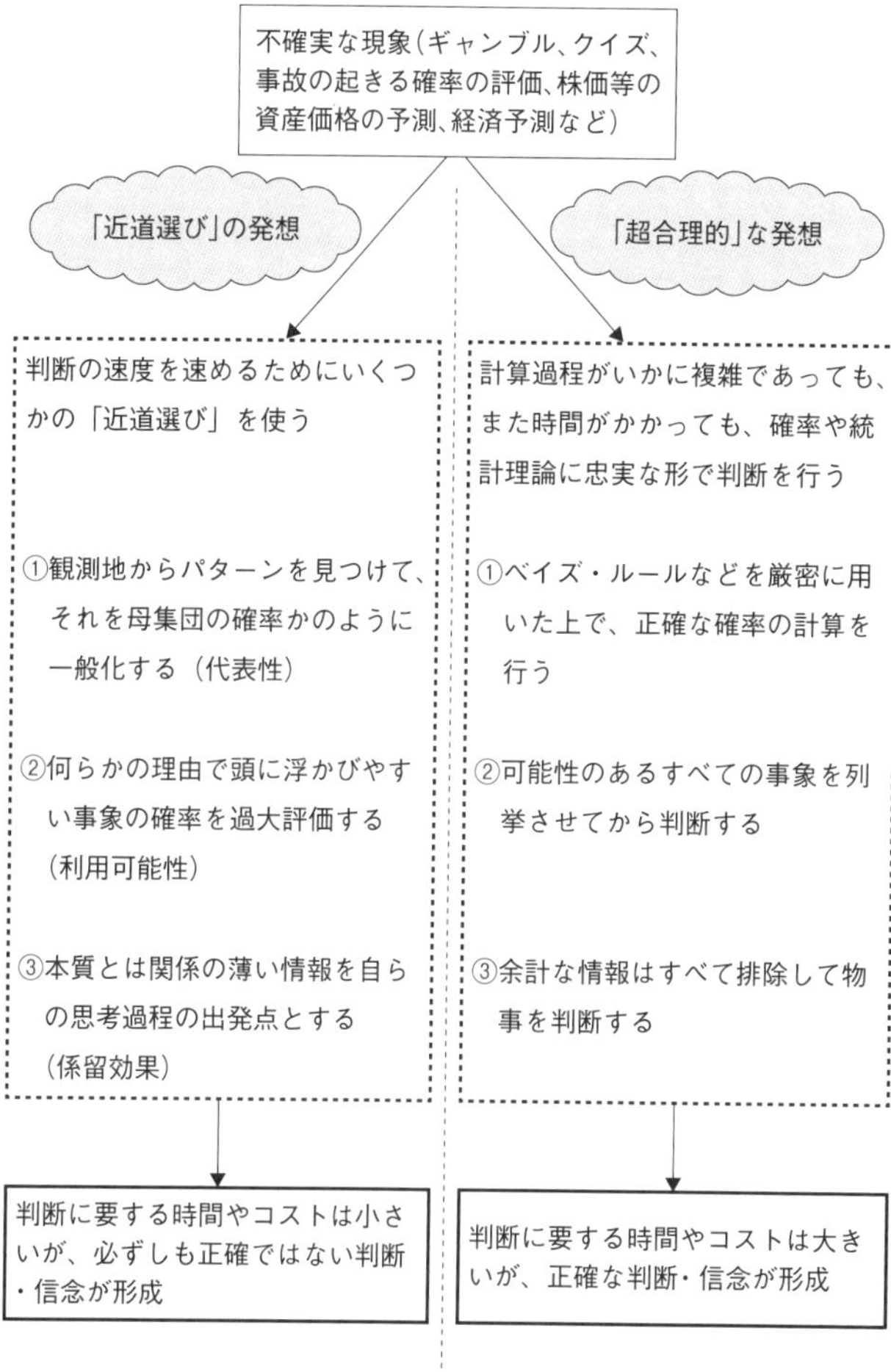
不確実な現象（ギャンブル、クイズ、事故の起きる確率の評価、株価等の資産価格の予測、経済予測など）
「近道選び」の発想
「超合理的」な発想
判断の速度を速めるためにいくつかの「近道選び」を使う
①観測地からパターンを見つけて、それを母集団の確率かのように一般化する（代表性）
②何らかの理由で頭に浮かびやすい事象の確率を過大評価する（利用可能性）
③本質とは関係の薄い情報を自らの思考過程の出発点とする（係留効果）
判断に要する時間やコストは小さいが、必ずしも正確ではない判断・信念が形成
計算過程がいかに複雑であっても、また時間がかかっても、確率や統計理論に忠実な形で判断を行う
①ベイズ・ルールなどを厳密に用いた上で、正確な確率の計算を行う
②可能性のあるすべての事象を列挙させてから判断する
③余計な情報はすべて排除して物事を判断する
判断に要する時間やコストは大きいが、正確な判断・信念が形成

上に狭くとるという傾向が挙げられます。

これは、まず株価に対する自分の点推定値を出すように求められ、その後に「99％の確率で真の値が上回るような閾値Xの値」および「1％の確率で真の値が下回るような閾値Yの値」、つまり98％信頼区間を評価させられる場合に、自分自身の点推定値に引きずられるために、予測者が十分に信頼区間を広げられないという意味で係留効果の影響が存在すると見ることができます。

一方、このような狭い信頼区間の現象は、人々の持つ自信過剰（overconfidence）という習性によるものと見ることもできます。これについては、次節で再度述べることにしましょう。

5　企業や投資家を惑わす自信過剰の問題

これまでに説明してきた3つのコアな近道選びに加えて、心理学は、多くの人々が他者と比較して自分自身の能力を過大に評価するという自信過剰（overconfidence）の習癖を持つことを発見しています。

自信過剰の症状は、例えば、自動車のドライバーが、巷に溢れる交通事故の数々にもかかわらず、「自分はそんな事故は起こさない」と思い込むことなどに顕著に見られます。さらに、不確実性に直面する中で判断を行うという局面で、自信過剰の兆候は、人々が自身の判断を必要以上に正確であると思い込む現象にあらわれます。

実験経済学の世界では、リヒテンシュタインら（Lichtenstein, Fischhoff and Phillips 1977）が、自信過剰現象に関する実験として、被験者に様々な雑学クイズ（例えば、「クイートはエクアドルの首都である。○か×か？」）を出題した上で「自分の回答が正しい確率」を質問したところ、「実際の正解率」よりも、「自分の答えが正しいと思う確率」の平均値の方が高い数値をとるという典型的な自信過剰の行動が観察されたといいます。

もちろん、このような判断上の自信過剰は、実験という文脈で観察されるにとどまるものではありません。現実の経済行動の中でも、アメリカにおいて多くの中小・ベンチャー企業が創業後数年以内に退出しているという事実や、多くの起業家が自分の事業が成功する確率を過大評価しているという事実は、自信過剰のあらわれということができます。

キャメラーとロヴァロ（Camerer and Lovallo 1999）は、アメリカにおける過剰な新規参入とこれに続く倒産の多さに着目し、競争的な架空の市場を実験室に作り出しました。ＭＢＡの学生などからなる被験者グループに起業家の役割を演じさせ、参入の判断や、市場全体の利潤可能性などの予測を行わせることで、過剰参入という現象が果たして起業家の自信過剰な判断に基づくものなのかどうかを検証しました。

具体的には、参入を決断した多くの被験者が、市場全体の利潤はマイナスと予測したにもかかわらず、自分自身の企業の利潤はプラスになると判断したという結果が得られました。これは被験者たちが自信過剰の考え方に陥っていることを示すのに十分な証拠といえるでしょう。

一方で、人々が自分の判断能力に対して示す態度は、自信過剰と呼ばれるものだけではありません。時には、自分の判断の正しさを必要以上に小さく見積もるような態度、つまり自信過小（underconfidence）ないし保守性（conservatism）を示すこともあります。テストなどで「自分の答えが間違っているんじゃないか」と逡巡することや、投資家の悲観主義などはこのような思考プロセスの範疇に含まれます。

グリフィンとトヴェルスキー(Griffin and Tversky 1992）は、ランダムな事象についての情報のうちどの側面が強調されるかによって、人々の判断が自信過剰となったり、保守的になったりするという仮説を立て、これを実験によって検証しました。彼らは、表が出る確率と裏が出る確率が正確には半々でないような偏りのあるコインを用い、被験者に対して、「コインに偏りがあり、（例えば）5回中3回の確率で一方の面が出る」という情報だけを示し、実際に表か裏のどちらにバイアスがかかっているのかを知らせませんでした。

このような状態で、このコインを使った様々な試行回数のコイン投げの結果を見せます。その上でグリフィンらは、このコインの表の面にバイアスがかかっている確率を質問しました。しかし被験者の判断は、ベイズ・ルールなど統計理論に基づく数字とは異なるものでした。

　つまり、コイン投げの結果が極端なものであるような場合で（例えば、表の出る回数が目立って多いなど）、トスの回数が少ない場合には、被験者の判断は理論的に正しい確率よりも過大、つまり自信過剰となるとされています。一方で、結果がそれほど極端なものではなく、トスの回数が十分大きい場合には、被験者の確率判断は理論上のそれよりも小さいという自信過小の傾向を見せました。

　こうした結果を一般化して、グリフィンらは、人々が見聞きする結果や証拠の印象の強さ（この例では結果の極端さ）が証拠の正確さ（この例ではトスの回数）よりも相対的に強いほど自信過剰の判断が、逆に正確さが印象の強さを上回るほど保守的な判断が観察されるという仮説を導くことができるとしています(4)。

　不確実性下における人々の確率的判断における自信過剰と保守性という問題は、起業家の市場参入などの説明に加えて、係留効果の節で見たような投資家の株式収益に関する予測などの実証分析を考える際に非常に重要なファクターといえるでしょう。

6　人は間違いを認めたがらない――「認知不協和」を避ける

現実の人々の判断や信念が、標準的な経済理論が仮定するホモ・エコノミカスのそれとはかけ離れたものになるという事例は、既に述べた3つの近道選びや自信過剰の他にも多々あります。ここでは、人々がある判断をした後に、その判断が間違っているような局面での、人々の行動パターンに関するモデルを紹介しておきます。

人間は誰でも、自分の信じていたことと現実とが食い違うようなケースでは、多かれ少なかれ精神的な苦痛を感じるものです。例えば、学校の試験などで、自分が自信を持って書いた答えが正解ではなかったという情報を聞きつけた場合に、「自分は合っていたはずなのに」という落ち着かない不愉快な思いをしたことがある方は多いでしょう。

心理学の世界では、こうした感情のことを認知不協和（cognitive dissonance）と呼んでいます。自分の信念と客観的な認知の間に矛盾が生じているという意味です。認知不協和は、ほぼすべての人間に共通するもので、これ自体がとりたてて経済学の人間像と異なる要素を持つというものではありません。問題は、認知不協和のようなネガティブな感情を持った、あるいはこれを持つことを予想する人々がどのような行動に出るかにあります。

精神的なものにしろ、物理的なものにせよ、人は誰でも痛みを避けたいものですから、認知不協和が生じそうな場合には、これが顕在化するのを回避するような行動をとりがちです。テストの例でいえば、大学入試センター試験など大事な試験の後に、解答にあえて目を向けないという行為は、認知不協和を避けるという習性を表しています。

あるいは、一大決心をして車やパソコンなどある程度金額の大きな買い物をした場合に、その後は新聞の広告などに掲載されている車やコンピューターなどの情報をあえて見ないようにするという行動も一例として考えられます。

このような認知不協和を避ける行動は、経済合理性とは整合的なものではないかもしれません。つまり、テストや自動車購入の例では、利用可能な情報を今後の判断の材料として利用しようとしていないからです。認知不協和を避けるという行動パターンは、人々の投資行動を説明する場合にも有効なモデルとなりえます。投資家は何がしかの信念を持って、ある特定の銘柄の株式や投資信託に投資をするものです。投資は往々にして大きい金額を伴うわけですから、その判断が間違っているような場合に、人々が認知不協和による精神的苦痛を避けようとするのは容易に想像できます。

例えば、ある銘柄の株価が今後上昇しつづけると信じて、この株を購入した投資家は、現実に株価が下落するという状況に直面した場合には、「下落は一時的なもの」などと自分を納得させるかもしれません。このようにして投資家が購入した株式に固執するのであれば、これは認知不協和を避けるという行動がもたらす歪みであるといえるでしょう（真壁 2003）。

ポイント

・人々の行動に見られる限定合理性の一部は、確率的な状況判断など不確実性を評価する際の問題認識の局面で生じる。つまり、一般に人々は複雑な事象を、厳密な計算や思索を経ずに、「ある程度」合理的な行動（近道選び）をとろうとする。

・カーネマンとトヴェルスキーは、近道選びには、①問題の本質をわずかな事例だけで判断してしまう「代表性の近道選び」、②手近に得られる情報を優先して問題を解決しようとする「利用可能性の近道選び」、および③問題の本質には関係のない情報にこだわってしまう「係留効果」の3つの類型があることを発見した。

・この他、自分の行動を正しいと過信する「自信過剰」や、自分がとってしまった誤った行動に目を向けようとしない「認知不協和」といった性向も、人々の問題認識プロセスを歪める一因である。

第4章　プロスペクト理論——リスクが存在する下での選好理論

1　不確実性が存在する下で人々はどういう行動パターンに従うのか

「不確実性をどのように認識するか」と「不確実性下でどのように行動するか」

次の質問は、本章の内容を理解する上で非常に重要ですので、しっかり考えて皆さんなりの答えを考えてください。

60%の確率で500円を得、40%の確率で500円を失うようなギャンブルがあるとします。あなたはこのギャンブルに参加しますか?

第3章では主に、不確実性が存在する中で主観的な確率などを判断する局面で、人々が近道選びという簡便な思考方法を利用するケースが多々あるということを議論してきました。

そこでも述べたように、近道選びによって人々の判断や信念は、経済学が掲げるホモ・エコノミカスとは異なり、合理的な基準から乖離してしまう可能性があります。

こうした近道選びの議論は、不確実性のある物事について人々が確率などを主観的に判断する際のプロセスに潜む、いわばインプットにおける問題点を指摘するものでした。行動経済学はさらに、仮に主観的な確率評価が厳密な統計理論に基づく正しいものであったとしても、その上で人々が保険契約や宝くじ、投資機会などに際してどのような選択や行動をとるかという、いわばアウトプット面の仕組みについても考えます。

第1章で触れたように、伝統的な経済学における不確実性下の行動モデルは期待効用仮説と呼ばれるものです。この標準的な仮説は、アレのパラドックスの例を用いて示したように、現実の人間のリスクに対する態度を十分説明しきれない不完全な理論ですが、標準的な経済学の中には、期待効用仮説に代わって、不確実性下の選択のあり方を示す一般的な理論が存在しないこともまた事実です。

カーネマンとトヴェルスキーのもう1つの発見——プロスペクト理論

そこで本章では、伝統的な期待効用仮説に代わりうる不確実性下の行動モデルとして有力なものの1つである「プロスペクト理論」(prospect theory) の中身を主に解説していきます。プロスペクト理論は、近道選びと同じく心理学者のカーネマンとトヴェルスキーによっ

図表4-1　不確実性の下での意思決定と近道選び、プロスペクト理論

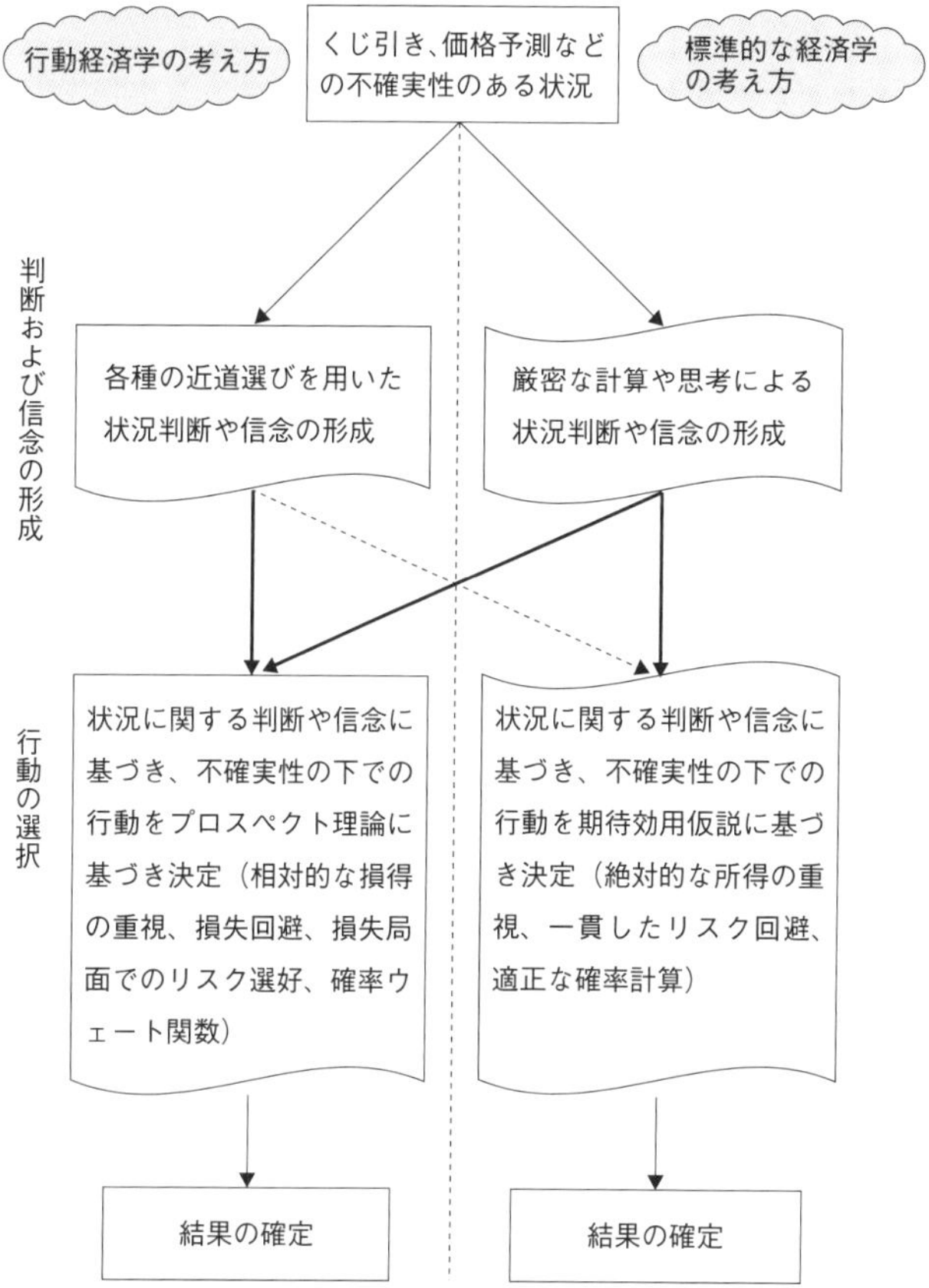

て編み出された理論です。社会科学系の学術論文の中で引用回数が最も多いといわれる彼らの1979年の論文"Prospect Theory"にそのエッセンスが示されています。次節ではまず、このプロスペクト理論の仕組みを見るために理論的な議論を行います。

簡単に言えば、プロスペクト理論とは、「損失をそれと同じ規模の利得よりも重大に受け止める」「わずかな確率であっても発生する可能性があるケースを強く意識する」という、人々にある程度共通に見られる行動パターンを理論的に説明するための分析ツールです。

本章では次に、プロスペクト理論によって解明されている現実の人間行動の謎について簡単に見ていきます。さらに、プロスペクト理論と密接に関わりのある心理学的な消費者行動モデルとして、リチャード・セイラーによる「心の家計簿」(mental account)という概念についても解説を行います。最後に、通常の意味で用いられる「不確実性」という用語は変数の期待値や分散があらかじめわかっている場合を指します。本章では最後に、これらの情報すらわからないような状況における人々の行動パターンについても簡単に議論します。

2 プロスペクト理論とは――リスクに直面する人間行動の妙を見事に示すモデル

プロスペクト(prospect)は、予測や見込みなどを意味することばです。プロスペクト理論は、人々がくじ引きや株式投資など結果が確実ではない、リスクが存在するような商品を購入する際に、そのリスクに対してどのような見込みを行い、どのような行動をとるかについて説明するモデルといえます。

経済学の伝統的な手法であるフォン・ノイマンとモルゲンシュテルンの期待効用仮説と同様に、カーネマンとトヴェルスキーのプロスペクト理論は主に2つのパートから構成されます。1つは、発生する可能性のある結果それぞれ（例えば、投資の場合は収益率、宝くじの場合は賞金など）に対して人々がどの程度の満足を得るかを示す価値関数$v(x)$で、期待効用仮説における一般的な効用関数$u(x)$に対応します。後に見るように、価値関数$v(x)$は、通常の効用関数$u(x)$とは一味も二味も違う特徴を持っています。

もう1つのパートは、結果xの実現値（例えば$x_1, x_2, \cdots, x_n$）によって異なる値を持つ価値v（例えば$v(x_1), v(x_2), \cdots, v(x_n)$）をありうるすべての可能性について統合して「価値の期待値」として評価するための、加重平均に用いるウェートであり、確率ウェート関数と呼ばれるものです。期待効用仮説における効用の期待値、すなわち期待効用は、効用uをそれぞれの結果xが生じる客観的な確率pそのものを用いて単純な加重平均を行ったものであるのに対し、プロスペクト理論における確率ウェート関数は、客観的な確率pをそのまま期待価値の計算に使うわけではないというところに特徴があります。

ここではまず、価値関数$v(x)$の特徴について詳しく解説し、その後に確率ウェート関数について説明していきたいと思います。

出発点からの相対的な変化が重要——価値関数の「参照点」

カーネマンとトヴェルスキーが提唱した価値関数$v(x)$の大きな特徴は、第一に、価値関数$v(x)$の中身は、「参照点」（reference point）と呼ばれる、価値の対象となる変数（所得など）のある水準からの変化であって、通常の効用関数$u(w)$のように所得の水準そのものではないという点にあります。

参照点は、人々が物事を評価する際の出発点ないし基準点を形成します。例えば、ギャンブルに参加するか否かの決定の際の参照点は、ギャンブル開始前のプラス・マイナス０円であることが多いでしょう。

期待効用仮説が、確率60％でプラス５００円、確率40％でマイナス５００円であるようなギャンブルの期待効用を４－１式のように考えるのに対し、プロスペクト理論はこのギャンブルの期待価値を４－２式のように表現します。

$$0.6\times u(w+500)+0.4\times u(w-500) \quad (4-1)$$
$$0.6\times v(500)+0.4\times v(-500) \quad (4-2)$$
（wはギャンブル以前の所得水準を示す）

ここで、もし価値関数が効用関数と同じような形状をとるのであれば、これらの２つの表現は似たような期待値を導くことになります。

利益に比べて損失は２倍——価値関数の「損失回避性」

図表４－２　通常の効用関数とプロスペクト型の価値関数

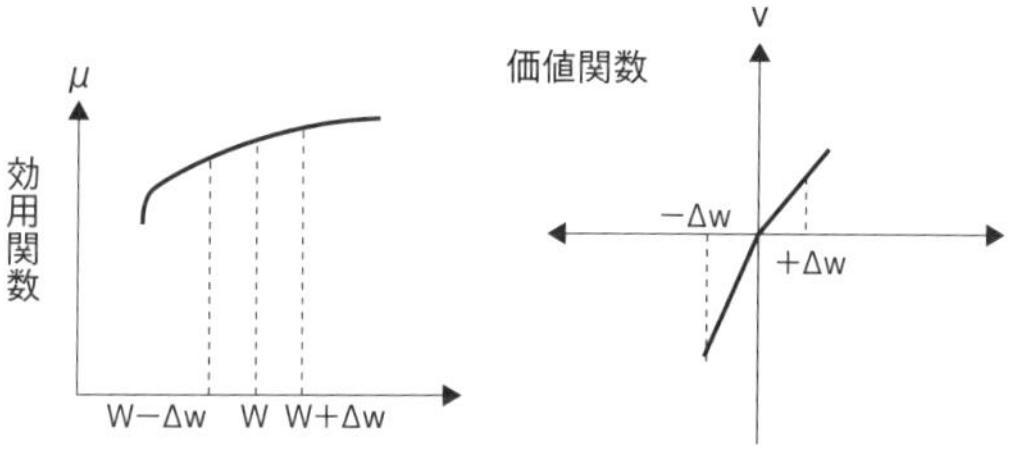

そこで重要になるのが、価値関数の第二の特徴である、「損失回避性」（loss aversion）の概念です。これは、人々が心理的な問題として、利得よりも同じ規模の損失を価値ベースでより深刻に感じるというものです。簡単にいうと、同じ１００円でも、「１００円を得た」ときに得る満足感よりも、「１００円損した」ときに失う満足感の方が大きいと感じることを損失回避性といいます。

損失回避性は人々の日常の行動に表れています。例えば、投資家は一般的に、元本より少ない金額しか投資資金が戻らない、いわゆる元本割れを強く避けようとするでしょう。この場合、元本は投資家にとって、参照点と認識されることになります。

カーネマンとトヴェルスキー以降の多くの研究は、損失回避性のマグニチュードとして、一般的に人々は、Δwという規模の損失をΔwという規模の利得よりも２～２・５倍程度重要に考えるということを実証的に導いています。通常の効用関数$u(w)$と損失回避性を持つプロスペクト的価値関数$v(x)$との相違点を図表４－２を用いて見てみましょう。

図表4－2からわかるようにプロスペクト型の価値関数は、「参照点＝0」からのプラス・マイナスの大きさが問題となることに加えて、損失回避性によって「参照点＝0」において屈折（キンク）を示すことになります。つまり、損得の局面が「マイナス＝損失」に転じた瞬間に、満足度あるいは価値が余計に低下するのです。マイナス局面の傾きは、プラス局面のそれの2倍程度となります。

このようなプロスペクト型の価値関数の特徴からいえるのは、一般的なレベルの損失回避性を持つ人々にとって、①現状が確実に維持されるというオプションと、②確率3分の2でプラスΔx円、確率3分の1でマイナスΔx円となるようなギャンブルとは、おおよそ無差別であるということです。

損得の期待値がゼロの賭けに乗るべきか？

このことは、典型的な損失回避の感情を持つ人々は、損得の期待値がゼロであるようなギャンブル（これをフェア・ベットといいます）、例えば確率2分の1でプラス100円および確率2分の1でマイナス100円となるようなギャンブルを避けるということを意味します。理由は、マイナス100円という「発生する可能性のある」損失から生じる価値のマイナス分が、プラス100円の利得から得られる価値のプラス分を上回るからです。

例えば、冒頭の質問で示したギャンブルも期待値はゼロ（フェア・ベット）ですが、価値の増加分である$0.6 \times v(500)$と価値の減少分である$0.4 \times \{-v(-500)\}$を比較すると、概ね$-v(500) = 2v(500)$ですので、価値のマイナス分$\{0.8v(500)\}$がプラス面$\{0.6v(500)\}$を上回ることになり、結果として多くの人々はこのギャンブルに参加しないことが予想されます。「参加しない」と答えたのであれば、典型的なプロスペクト価値関数を持っていることになります。一方、「参加する」という決断をした場合、通常の効用関数$u(w)$を持っているということもできますが、「損失の重要性が利得のそれの2倍よりは小さい」価値関数を持っているためかもしれません。

一方、伝統的な経済理論、すなわち期待効用仮説では、人々は規模の小さいギャンブルに対してはリスク中立的、すなわち、①確実に現状維持となるような選択肢と、②利得・損失の規模が小さいフェア・ベット（例えば、確率2分の1でプラス１００円および確率2分の1でマイナス１００円となるようなギャンブル）とを無差別に考えるとされています。

しかし、カーネマンら心理学者が行った実験では、多くの場合、被験者が比較的小額のフェア・ベットを拒否するという結果が得られています。期待効用仮説よりもむしろプロスペクト理論と整合的な行動が観察されているのです。

また、プロスペクト理論の損失回避性は、かのポール・サミュエルソンが観察したパラドックスを説明することもできます。サミュエルソンが同僚に対して、半々の確率で１００ドルを失うか２００ドルを得るかのギャンブルを持ちかけたところ、同僚はこれを拒否しました。しかし、「同じギャンブルを１００回行う」という形でオファーした場合には多くの人々はこれを受けるだろうとサミュエルソンは考えました。もし、期待効用仮説が正しい理論であれば、互いに因果関係のない同じギャンブルをいくつ組み合わせようと、人々のギャンブルに対する好みには影響を与えないはずです。サミュエルソンの観察からすると、期待効用仮説の現実妥当性は疑わしいといえます[1]。

一方、人々が損失回避性を持っているとしましょう。先の例で示したフェア・ベットの期待値は50で、分散は２万２５００となります。このギャンブルを１００回組み合わせた場合には、利得は、期待値と分散が単発のギャンブルをそれぞれ１００倍した５０００と２２５万の正規分布に従うことが予想されます。一方、利得の標準偏差は分散２２５万の平方根である１５００に過ぎません。一般的にいえば、確率的に互いに独立したギャンブルの組み合わせでは、期待値はNに比例して増加しますが、標準偏差は$\sqrt{N}$に比例的にしか増加しません。

つまり、１回のみのギャンブルに比べ、１００回組み合わせのギャンブルが損失をもたらす可能性はぐっと減少するのです。この場合、損失回避的な消費者が、後者のギャンブルを断る可能性は低くなると考えられます。これがサミュエルソンのパラドックスの正体です。

得するときはリスクを回避し、損するときはリスクを追い求める

図表４-３　典型的な価値関数

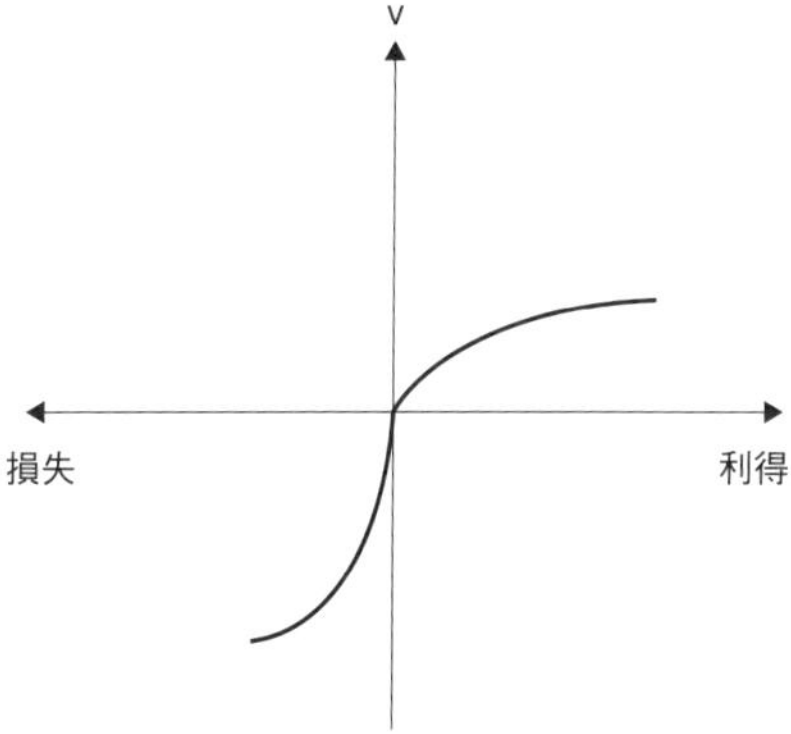

プロスペクト理論における価値関数$v(x)$の第三の性質は、「感応度逓減」と呼ばれるものです。感応度逓減とは、利得であろうと損失であろうと参照点から離れれば離れるほど、わずかな額の変化から生じる価値の変化分が小さくなるということを指します。利益がプラス１００円のときに、さらに利得が10円増加する場合の満足の増加分は、利益がプラス１万円のときに利益が10円増加する場合の満足の増加分よりも大きいということです。

利得の局面においては、これは通常の効用関数$u(x)$における限界効用逓減の法則と同じことを意味します[2]。つまり、人々は利得の局面では危険回避的であることを示します。一方、損失局面においても同様に感応度逓減を示すので、損がマイナス１００円だったときに10円分のさらなる損失拡大が及ぼすインパクトは、損がマイナス１万円だったときに10円分余分に損失が増えることによるインパクトより大きいということがいえます[3]。いい換えれば、人々は、損失局面においては危険志向性を表すようになります。図表４-３は、先に示した損失回避性と感応度逓減の特徴を併せ持つプロスペクト価値関数の形状を示しています。

カーネマンとトヴェルスキーは、こうした価値関数の形状の特徴を以下のような実験から発見しました。まず、彼らは第一の実験として以下の設問を被験者に提示しました。

ある深刻な伝染病が我が国を襲ったとします。この病気は放っておけば600人の犠牲者を生みます。この病気への対処プログラムとしては2つあり、プログラムAでは200人が救われ、プログラムBを採用した場合には、3分の1の確率で600人全員が救われるが3分の2の確率で誰も救うことができません。AとBどちらを採用しますか。なお、AとBの両方のプログラムを同時に採用することはできません。

この実験に対して、被験者の約3分の2の人たちが「プログラムAを採用すべきだ」と答え、残りの人がプログラムBを選びました。次にカーネマンらは、第二の実験として別の被験者グループに以下の設問を提示しました。

ある深刻な伝染病が我が国を襲ったとします。この病気は放っておけば600人の犠牲者を生みます。この病気への対処プログラムとしては2つあり、プログラムAでは400人が死亡し、プログラムBを採用した場合には、3分の1の確率で全員が救われるが3分の2の確率で600人全員が死亡します。AとBのどちらを採用しますか。なお、AとBの両方のプログラムを同時に採用することはできません。

少し計算をすればわかることですが、この2つの設問は、AとBの2つのプログラムについて本質的には全く同じことをいっています。つまり、第一の実験であっても、第二の実験であっても、プログラムAを実行すれば、200人が生存、400人が死亡し、プログラムBを実行すれば、確率3分の2で生存者0、確率3分の1で死者0であるはずです。しかし、第二の設問に対する被験者の反応としては、約3分の2の多数がプログラムBを選んだといいます。

このように内容的に全く同じ2つの設問に対して被験者が整合的でない反応を示すのは、2つの設問の問題設定の方法（フレーミング）の違いが、人々のリスク認識を変化させたからであると考えられます。

いい換えれば、第一の設問は、600人全員が死ぬという状態を参照点としてプログラムA・Bがそれぞれ何人救えるかという「利得の局面」を表現しているのに対して、第二の設問は全員が助かるという状態を参照点として各プログラムによって何人が死亡するかという「損失の局面」を示しているため、プロスペクト理論により人々は2つの設問に対して相反する答えをしているのです。

つまり、第一の設問（利得局面）では4－3式で表されるように価値関数が危険回避的であるのに対し、第二の設問（損失局面）では4－4式のように価値関数が危険志向的になっていることがわかります。

価値関数は人々のとる自然な行動パターンを表すものなので、それが合理的かそうでないかという価値判断を加えることは適切ではないかもしれません。しかし、問題設定のフレーミング次第で人々の行動が場面場面で互いに整合的でなくなるという意味においては、価値関数は「合理的な行動基準ではない」ということもできるかもしれません。

なお、こうした結果はカーネマンらによる実験例に限定されるものではなく、他の心理学研究においても同様の観察がなされています。

わずかな確率でも見た目より大きい——確率ウェイト関数

次に、プロスペクト理論のもう1つの柱である確率ウェイト関数を見てみましょう。話を簡単にするために、ここでは価値関数 $v(x)$ については無視して考えます。

$$v(200) > \frac{2}{3}v(0) + \frac{1}{3}v(600) \qquad (4-3)$$

$$v(-400) < \frac{2}{3}v(-600) + \frac{1}{3}v(0) \qquad (4-4)$$

人々が、ギャンブルなどのリスクのある状況で自分にとっての価値を評価する際、個々の事象が起きる確率 p を額面通り受け取るのではなく、心理的な確率価値 $\pi(p)$ に変換するというのが、確率ウェイト関数の考え方の特徴です。こうした確率ウェイト関数の重要性を理解するために、カーネマンらの以下の実験を考えてみましょう。

設問1：次の2つのギャンブルから好ましいものを1つ選択してください。

A：0・8の確率で4万円、0・2の確率でゼロの利得
B：確実（確率＝1）に3万円の利得

設問2：次の2つのギャンブルから好ましいものを1つ選択してください。
A：0・2の確率で4万円、0・8の確率でゼロの利得
B：0・25の確率で3万円、0・75の確率でゼロの利得

この2つの設問を2つの被験者のグループにそれぞれ提示したところ、設問1に対しては7割以上の被験者がギャンブルBを選択したのに対し、設問2に対しては6割の被験者がギャンブルAを好むという結果が得られました。この実験結果を、期待効用仮説に基づいた形で表現すると、設問1については4－5式、設問2については4－6式となります。

ここで4－5式の両辺を4で割った上で$0.75u(w)$を加えると、4－7式のように変換できます。4－7式は4－6式と不等号が全く逆であり、互いに矛盾することがわかります。つまり、期待効用という枠組みでは全く同じリスクを示すギャンブルに対して、人々が異なる選択をしているのです。

カーネマンとトヴェルスキーは、こうした実験結果をもとに、人々の確率の価値評価、つまり確率ウェート関数$\pi(p)$に以下の2つの特徴があることを結論付けました。第一に、人々は、確率が1である（事象が確実である）ときには価値評価ベースの確率を1と評価し

$$0.8u(w+4)+0.2u(w)<u(w+3) \quad (4-5)$$
$$0.2u(w+4)+0.8u(w)>0.25u(w+3)+0.75u(w) \quad (4-6)$$
$$0.2u(w+4)+0.8u(w)<0.25u(w+3)+0.75u(w) \quad (4-7)$$
（wはギャンブル前の所得＜万円単位＞）

ますが（$\pi(1)=1$）、事象が確実から幾分下がるときには価値ベースの確率を額面の確率pよりも低いと捉えがちです（$\pi(p)<p$）。

第二に、人々は確率がゼロであるときには価値ベースの確率もゼロと評価しますが（$\pi(0)=0$）、確率がゼロより若干高くなるときには価値評価上の確率を額面のものよりも高く考えます（$\pi(p)>p$）。

カーネマンらは、これらの特徴を「確実性効果」(certainty effect)と呼びました。これは直観的にも理解しやすい概念でしょう。確実に何か「よいこと」が起きるとわかっているときと比べ、わずかな確率でその事象が起きない可能性がある場合には「価値」評価はぐっと低くなるでしょうし、逆に確実によい事象が起きないという場合よりも、わずかでもその事象が起きる可能性がある場合の方が個人にとっての価値はぐっと高くなると考えるのは自然です。

この他、カーネマンらは、確率ウェート関数の特徴として、関数$\pi(p)$は実際の確率pについての増加関数であり、概ね$p=0.4$の点において$\pi(p)=p$となることを示しました。図表4－4は、確実性効果を示す確率ウェート関数を横軸p、縦軸$\pi(p)$のグラフにプロットしたものです。

第1章で、期待効用仮説の批判の急先鋒として紹介したアレのパラドックスは、基本的には確率ウェート関数によって説明可能です。第1章に戻っていただければわかりますが、複数のくじのうち、くじ2においては、「0・01という非常に小さいがゼロではない確率で最悪の結果である0円に終わる」という事実自体が人々の価値評価に大きな影響を与え、くじ1を選好させているといえます。一方、くじ3やくじ4については、確率の数値は0・11や0・10など0や1に近いかどうかという尺度で極端な値ではないため、人々がくじ1対くじ2の場合とは異なる判断をしていることがうかがえます。

図表4-4　典型的な確率ウェート関数

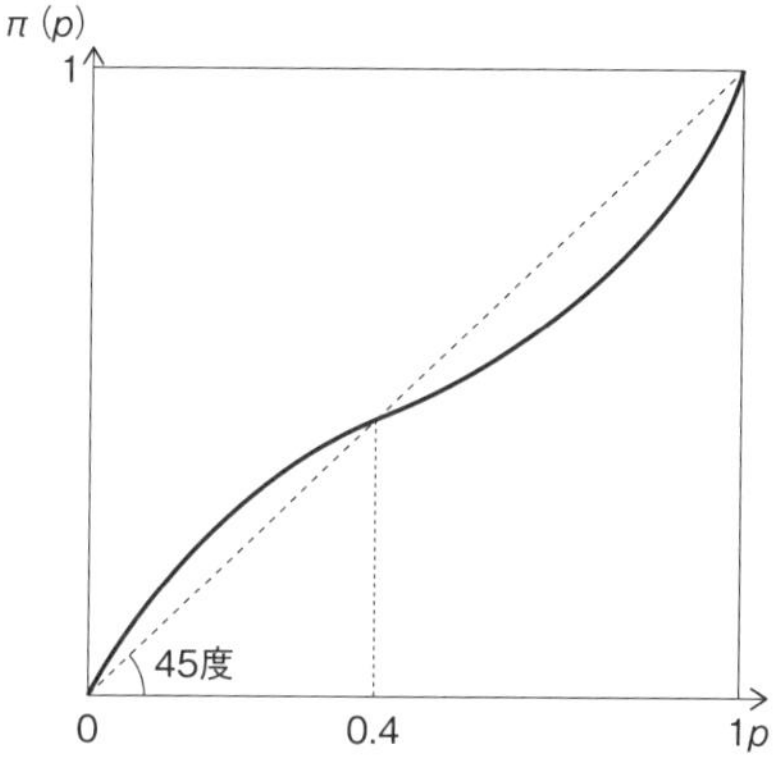

なお、ここでは、価値関数と確率ウェート関数をばらばらに議論しましたが、正確には、両者の要素を一体に考えることもできます。しかし次節以降も、プロスペクト理論のどの要素が、現実の人々の行動を説明するのかを明確にするために、引き続き、この2つのパートを別々に扱っていきます。

3　プロスペクト理論の応用例

カーネマンとトヴェルスキーのプロスペクト理

論は、現実の経済現象や人間行動のうち、伝統的な経済理論では説明できないものを解明する手がかりを与えてくれます。応用例の重要な部分は、いわゆる株価リスク・プレミアムの説明などファイナンス分野に当たるものです。これらについては、第5章の行動ファイナンスの項で考えていきます。ここでは、キャメラーの論文(Camerer 2000)をもとに、ファイナンス分野以外の経済現象や政治経済・公共選択分野の現象についてプロスペクト理論を用いて解き明かす試みを紹介したいと思います。

毎日のノルマは体に毒――NYのタクシー運転手の労働供給の謎

アメリカ・ニューヨーク市の個人タクシードライバーは、暖かい晴れの日に長い時間働き、雨や雪の寒い日には短い勤務労働で済ましてしまうことを、キャメラーやその共同研究者たち(Camerer *et al.* 1997)は聞き取り調査により観察しました。しかし、一般的な意味では、晴れの日に比べて雨天の日はタクシーの需要が大きく、時間当たり労働所得も高くなるはずです。

経済理論では、このような日(雨天)にはドライバーは長く働き、逆に悪い日(晴れ)には労働供給の時間を切り下げることを予想します。キャメラーらは、このような実際のドライバーの行動と経済理論の乖離は、ニューヨークのタクシー業者が暗黙のうちに「日々の目標売上」を定めていることによるものと分析しています。

ニューヨークのタクシー車が日ごとの固定リース制であることは、ドライバーたちが日ごとに目標売上を定めているという観察を補強するものです。日々の目標売上高は、それ自体、プロスペクト理論における参照点となります。所得がこれに及ばないような晴れの（悪い）日には、目標と所得額との差である損失を回避するために長く働こうとする誘因をドライバー達たちにもたらすのです。

一度手にしたものは手放しにくいもの——現状バイアス

現状バイアスあるいは授かり効果と呼ばれる現象は、プロスペクト理論における損失回避性から自然に導かれる性質です。カーネマンやセイラーら（Kahneman, Knetsch and Thaler 1991）は、無作為に選ばれた学生グループのうち半分に対して、ロゴ入りのマグカップを無料で与え、残りの半分のグループにはこれを与えないという状況を作り出しました。

さらに彼らは、マグカップの取引市場を開き、マグカップを持っているグループに「いくらお金をもらったらマグカップを引き渡すか」、つまり“willingness to accept（WTA）”を、持っていないグループに対しては「マグカップに最大限いくら支払う意思があるか」、つまり“willingness to pay（WTP）”を、それぞれ聞き出しました。

結果は、希望売値であるWTAの平均値が5・3ドルであったのに対し、希望買値であるWTPの平均値は、カップの一般的な価格に近い2・5ドルに過ぎないというものでした。

もし被験者たちが通常の効用関数 $u(x)$ を持っているのであれば、両者は互いに近い数字をとるはずです。しかし、マグカップを無料で手に入れたグループは、その状態を参照点と考えるため、マグカップの市場価格分のお金を得るよりも、マグカップを手放すということにより損失の痛みを感じる可能性が出てきます。カーネマンらはこうした心理作用を「授かり効果」と呼んでいます。結果として、マグカップ市場では従来予想されるよりも少ない取引しか行われないという現象が起きるわけです。これは一種の市場の失敗と見ることもできるでしょう。

困ったときは大穴に賭けろ？——競馬ギャンブルにおける大穴バイアス

キャメラー（Camerer 2000）は、競馬において、勝つ可能性が極めて低いゆえに配当賞金の高い馬（つまり大穴）に賭ける人数が、通常の効用関数が説明できるよりも多いのではないかということを指摘しています。

この現象は、主に確率ウェート関数で説明することが可能です。人々は、大穴が勝利する確率がゼロではなく（極端に低くても）正の値をとることから、価値ベースで見た確率$\pi(p)$は、額面通りの確率pよりも高くなり、結果としてこのようなウェートで加重平均された価値は、大穴に手を出さない場合よりも高くなるかもしれないということです。このことは、宝くじへの参加率の多くが理論上予想されるよりも高いということの説明にも当てはめることが可能でしょう。

さらにキャメラーは、競馬の最終レースにおいて大穴狙いにシフトする人が多いという現象も、プロスペクト理論で説明できるとしています。すなわち、最終レース前の段階で元手を減らしている人は、もしプロスペクト理論における価値関数を持っているのであれば、そのような参照点（賭けの前の元手）からの損失を避けるために、リスクをあえて求めるようになるかもしれないわけです。

これらの現象は、何もギャンブルという狭い世界でのみ重要な話ではありません。「損を避けて、リスクを追う」「少ない確率も過大評価する」という性質は、次章で見るような金融分野の投資家行動にも重要なインプリケーションを与えます。

事故の可能性は低くても心配――過剰な保険加入

今述べた大穴バイアスや宝くじへの選好という現象の裏返しとして、確率ウェイト関数は、期待効用仮説上は掛ける必要のない保険に人々がなぜ加入してしまうのかを説明することもできます。

キャメラーは、アメリカにおける電話加入の際の電話線修理保険の購入を例として挙げています。複数の電話会社は、電話線修理には30ドルかかるので、それをカバーするため、1ヵ月当たり45セントの保険料を顧客から徴収する保険を提供し、加入者の多くがこの保険に加入しているといいます。しかし電話線が故障する確率は相当に低く、これから判断される修繕の期待費用（1ヵ月当たり）は26セント程度に過ぎないにもかかわらず、それより高額の保険料を支払うという現象は、期待効用仮説では説明不可能です。

これに対し、確率ウェート関数は、非常に低い（が、ゼロではない）確率に対して価値ベースで過大な確率ウェートを与えることを示しているので、結果としてこのような異常な保険購入が説明できるというわけです[4]。これは、旅行前に空港で購入する旅行保険についても当てはまる議論でしょう。

現職候補は顔が知られているから選挙に強い？――選挙とプロスペクト理論

プロスペクト理論の応用範囲は経済学に限定されるわけではなく、選挙や住民投票といった政治・公共選択理論や民事判例などの法理論にも及びます。ここでは選挙問題について触れましょう。

クアトロンとトヴェルスキー（Quattrone and Tversky 1988）は、様々な実験を用いて、選挙などの公共選択問題を説明する理論として「合理的選択モデル」と「プロスペクト理論による心理学的モデル」を比較しています。そのうち代表的なものとして、現職候補の優位性に関する仮説の検証内容を紹介しましょう。

一般的には、伝統的な政治経済学では、現職議員が政権与党であるとすれば、彼らへの有権者の評価は在職時の経済状態に左右されることが知られています。次に、プロスペクト理論を用いて考えましょう。

対立候補は顔があまり知られておらず、有権者から見ると現職候補に比べて相対的に（よい意味でも悪い意味でも）リスキーな選択であるということを認めれば、利得局面で危険回避的、損失局面で危険志向的というプロスペクト理論を用いることにより、現職議員は経済状態がよい場合にはより「危険でない」という意味で有利であるし、経済が悪い場合にはよりリスキーであるという点において対立候補が投票上有利であるという結論が得られます。「経済が悪いときには現職が追い落とされる」という意味においては、伝統的なモデルとも整合的な、ごく自然な結論にも思えますが、この現象は、対立候補を選ぶことによる結果（例えばインフレ率や成長率）の期待値が、現職を選ぶことによるそれよりも低い場合にも成り立つという意味で興味深いものです。

4　お金の捉え方次第で人の行動は変わる——心の家計簿

心の家計簿＝頭の中の会計処理

この章のテーマであるプロスペクト理論は、伝統的な経済理論では説明できない不確実性下の人間行動の一端を解き明かす可能性を持っているという点で非常に強力な理論です。しかし、いくつか不十分な点があるのも事実です。事例で見たように、タクシー運転手の一見特異な労働供給については、ドライバーが1日当たりの売上目標を定めるという特殊な行動の仮定が成立してはじめてプロスペクト理論が意味を持ちます。また、マグカップ交換の例にしても、人々が特定の商品やサービス（この場合、マグカップ）を1つの消費単位として他とは独立に捉えているという暗黙の仮定（これを「狭い区分け」〈narrow bracketing〉といいます）が重要になっています。

そこで、プロスペクト理論と密接に関連し、同時にこれを補強する役割を担う理論としてリチャード・セイラーが提唱したのが、「心の家計簿」（mental accounting）という考え方です（Thaler 1980, 1988）。

心の家計簿とは、消費者としての個々人による金銭取引の記録の方法で、消費者が頭の中で自分たちのお金がどのように使われたかを把握し、支出をコントロールするための活動といえます。いい換えれば、一家の家計簿の収支項目が心理的にどう認識されるかという仕組みをパターン化して整理したものです。ここでは、セイラーの「心の家計簿」理論の中から、既に述べた狭い区分け以外の興味深いいくつかの事例をかいつまんで説明することにします。

どれくらい得をしたかが重要——海の家よりもホテルのバー

第一に、セイラーは、人が商品やサービスを購入する際には、その財の価値から支払金額を差し引いた「獲得効用」あるいは「消費者余剰」という概念よりも、通常予想されるその財の納得のいく価格、すなわち参照価格から支払金額を差し引いた「取引効用」を重視すると考えました。つまり人々は、物を購入する際に、その買い物がどれくらい「お得」かということを考えて行動するというのです。

セイラーはこのポイントを、ビーチで喉の渇いた人が、友人にビールを買ってくるよう頼んだ場合に、ホテルのバーで購入するときとビーチの販売員もしくは海の家から買うときにそれぞれ最大限支払ってもいいと考える価格（willingness to pay）は、バーの方がビーチを遥かに上回るという例を用いて説明しました。

この現象は、バーで購入する場合の参照価格が販売員の場合のそれよりも高いということを意味し、ビールをどこで購入するかという問題が消費者の行動に大きな影響を与えていることを示しています。これは、消費者余剰のみを前提とする伝統的な経済学の考え方とは一線を画するものです。

「先払い」は人々の心を変える

第二に、財やサービスを実際に手にする前の段階で対価を支払う「先払い」が、消費者の行動にどのような影響を与えるかという点も、心の家計簿の重要な含意です。

セイラーによると、コンサートのチケットを1万円で事前に購入した場合には、コンサートを鑑賞せずにお金だけ支払っている状態なので、その時点での「家計簿」にはマイナス1

万円が記録されますが、コンサートを実際に鑑賞した時点で「サービスを受けた」ことになるので、その段階で家計簿は収支ゼロでクローズされます。では、公演当日に大吹雪が来たとしましょう。心の家計簿は、このような事態では、先払いした消費者はそうでない消費者に比べ、どんなコストを被っても、より強く会場に行きたがると予測するでしょう。

なぜなら、コンサートに行けないとその消費者は家計簿をマイナス1万円でクローズしなければならないため、プロスペクト理論が示唆するように、そのような損失を回避するよう行動するからです。これは、標準的な経済学の「経済行動に意味を持つのは限界費用などの『限界的』な概念であり、固定費用であるサンクコストは意味をなさない」という基本的な考え方とは異なる現象です。

なおカーネマン等は、公演当日に、事前に買ったチケットを失した場合と、同額のお金を失した場合では、人々は前者の場合にチケットの再購入を嫌がることを発見していますが、これもチケットとお金を「別会計」と扱うために起こる現象です。

定額制は魅力的？

第三に、固定料金制と、その都度サービスに対して料金を支払う場合（従量料金）とでは、消費者行動に対して異なる影響を与える可能性があります。わかりやすい例が、電話料金やインターネット接続料でしょう。消費者の多くが、電話一回につき料金を課されるよりも定額料金を一括で支払う方式を好むといわれます。

アメリカでは実際、固定料金制が敷かれています。一括払いでは、逐次課金される場合に発生するその都度の心理的なコスト（すなわち損失回避）を考えなくてよいために起きる現象といえます。その都度払いの方が結果として一括払いよりも節約できる場合についても定額が好まれうるということは、重要です。

このような実際の支払いと商品・サービスを享受するタイミングの分離は、クレジットカードによる商品購入にも一定の意味合いを持ちます。つまり、クレジットカードを使ってある財・サービスを購入した場合、引き落としの時期が消費の時点よりも遅れるという理由から、消費者に損失感を持たせないという効果があります。

加えて、実際に引き落としが行われる時には、当該財・サービスへの支出額が他の商品の購入額と混ざってしまうことが多いため、やはり損失感は軽減されるという効果が出てきます。

お金をどこに貯めるかにより使い方が異なる

第四に、心の家計簿は、消費者が自分の資産をどのような形態で管理するかによって消費行動、具体的には消費性向が変化するとします。消費に関する標準的な経済理論であるライフサイクル仮説は、資産がどこに記録されていようと消費性向に違いはないということを暗黙のうちに仮定しています。しかし、消費者の資産管理の方法は、決済を主目的とする現金・小切手勘定から、普通預金、定期預金・投資信託など、あるいは４０１(k)などの企業年金まで多岐にわたります。

セイラー(Thaler 1992)の実験結果によると、資産保有の形態によって消費性向は著しく異なってくることが観察されています。例えば、決済用勘定であれば、その性質上、消費に回される割合（すなわち消費性向）は１に限りなく近いものですが、定期預金・投信や年金勘定になると消費性向は著しく低くなります[5]。

これらの事実は、標準的な経済理論が一般的に仮定する資産・所得の「完全な代替性」(fungibility)に反するものであり、現実の消費者行動に観察されるいくつかの謎を説明できます。例えば、アメリカのＩＲＡ個人年金や４０１(k)（確定拠出型企業年金）の創設が個人貯蓄を増加させたのか、あるいは他の貯蓄の代わりとなっただけでネットで見た貯蓄を変化させなかったのかは、長年にわたって論争されてきました[6]。心の家計簿の考え方からすると、人々がより消費性向の低い勘定（例えば４０１(k)）に資金を移すよう誘導されれば、結果として長期的な貯蓄は増加すると考えるのが自然といえます。

5　人は曖昧さを嫌う——ナイト流の不確実性と曖昧性回避

再び不確実性下の行動理論に話を戻しましょう。本章やこれまでの章で議論の対象としてきた不確実性は、ある事象について、意思決定をする人々が、その事象の期待値や分散といった確率分布に関する情報を把握しており、わからないことはその実現値のみであるということを仮定していました。

これに対して、フランク・ナイト（Knight 1921）は、事前に確率分布の情報はわかっているが実現値が判明していないような場合を「リスク」（risk）と呼び、逆に実現値のみならず確率分布についての情報も皆無あるいは不完全な場合を「不確実性」（uncertainty）として、これらを厳密に区別するよう提唱しました。

後者は、一般に「ナイト流の不確実性」（Knightian uncertainty）という特殊な名称で呼ばれるものです。現実の経済現象の多く（例えば投資の収益）がこうしたナイト流の不確実性の範疇に属するということは、重視されるべきでしょう。

エルスバーグは、この2つの「不確実性」概念の区別に着目し、人々がナイトの不確実性に直面した場合にどのような行動をとるのかを、次のような実験で検証しました（Ellsberg 1961）。

それぞれ１００個の玉が入った２つの壺を用意し、壺Ａには赤と白の玉が50個ずつ入っているが、壺Ｂは１００個という玉の総数のみわかっており、赤い玉と白い玉の内訳について

図表4-5　フィリップス曲線（1973-2013）

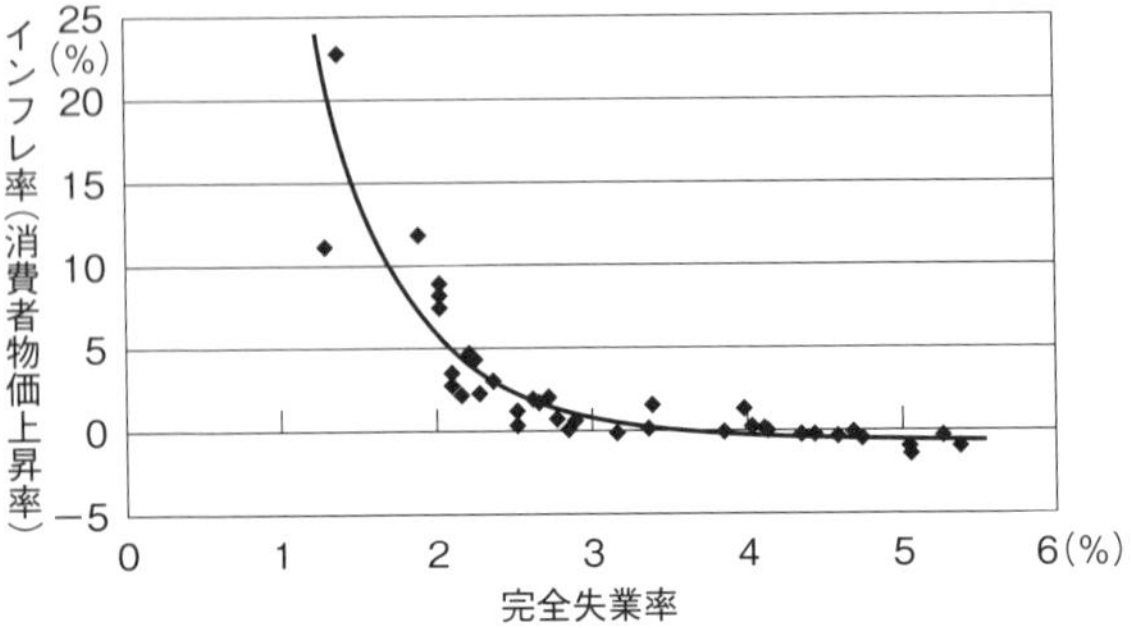

（出所）総務省「消費者物価指数」、「労働力調査」より。1973～2013年の計数。
（注）消費者物価上昇率は生鮮食品を除く総合。

一つの要素は、労働者は名目賃金カットに抵抗し、企業もそれをためらうことが多いということです。これは、プロスペクト理論において、現在の名目賃金を参照点とする価値関数の損失回避性によって説明可能です。つまり、労働者は現状の給料のカット、すなわち損失を嫌うわけです。第2章で述べた貨幣錯覚の現象は、こうしたプロスペクト理論の説明を補強します。

カーネマンらの実験（Kahneman *et al.* 1991）は、人々が、インフレ率12%の際の7%の名目賃金上昇を、ゼロ・インフレ時の5%の名目賃金カットよりも好むということを発見していますが、これは損失回避性や貨幣錯覚の妥当性をサポートするものといえるでしょう。こうして、インフレ率が低い場合には、産業間の賃金調整がうまく働かない――つまり業績の悪い産業では、賃金上昇の抑制によって労働コストを抑えられる高インフレ時と異なり、労働者の抵抗などにより賃金をカットできない――ため、物価上昇と失業のトレードオフはシビアなもの（水平に近い傾き）になります。

心理学的な説明の第二の要素は、「インフレーションが低い時には、インフレ自体が人々にとって『目立つ』（salient）ものではないため、賃金契約などにおいて将来の物価上昇という要素が

（144ページに続く）

補論7　フィリップス曲線の「謎」

プロスペクト理論の有名な応用例については本文でも一節を割いて紹介しましたが、この他、「なぜ銀行は不良債権の直接償却による会計上の損失の確定をためらうのか」などといった問題に適用することも可能です。

ここでは、マクロ経済への応用としてフィリップス曲線とプロスペクト理論の関係について取り上げます。マクロ経済学をかじったことがある方は、フィリップス曲線について聞いたことがあるでしょう。フィリップス曲線とは、一般的には、失業率と物価上昇率ないし賃金上昇率との右下がりの関係のことです。つまり失業率が低いときは物価上昇率が高く、失業率が高いときは物価上昇率が低いという、トレードオフの関係を意味します。

フィリップス曲線の妥当性については、名付け親であるフィリップスの発見以来、1970年代のオイルショック時には右下がりの関係が認識できなくなったとの批判がなされるなど賛否両論様々な議論が行われてきました。

最近の主流なマクロ経済学においては、人々の物価上昇に対する期待が現実と一致しないような「短期」においては、依然右下がりのフィリップス曲線の関係が保たれるが、期待と現実が一致するような「長期」においてはフィリップス曲線は垂直になる、というのが通説となっています。

この考え方に基づけば、最近の日本で、インフレ率が低位で安定しているにもかかわらず失業率が悪化しているという現象は、垂直の長期フィリップス曲線が右側にシフトしていることで説明されるでしょう。

図表4-5は、70年代から直近までの年次データをプロットした、簡単な日本のフィリップス曲線です。これを見ると、右下がりの関係を確認できる一方、失業率が低い局面では垂直に近い傾きを持つものの、物価上昇率が低い（あるいはマイナス）の局面ではむしろ水平に近い形を示していることがわかります（つまり、インフレ率のわずかな低下による失業率悪化の影響が大きいということです）。

ノーベル経済学賞受賞者のアカロフ教授ら（Akerlof et al. 2001）は、こうした最近のフィリップス曲線の形状、特にインフレ率が低い局面で曲線が水平に近い右下がりになるという特徴に対して、心理学的な観点から説明を試みています。

（142ページから続く）
無視されやすい」というものです。このような場合には、物価はある程度硬直的な動きを示すことが予想されます。

このように、いずれの心理学的な説明によっても、インフレ率が低い局面では、物価上昇率と失業率はトレードオフの関係を持つことが正当化されますし、高失業率において曲線が水平に近くなることも説明できるのです。

なお、関連して、マンキュー氏らは、最近の論文で、価格を決める企業等が、情報収集能力や第2章で述べた「計算コスト」といった限定合理性により、マクロ経済に関する情報を瞬時には取り込めないという仮定を置くことで、右下がりのフィリップス曲線にアプローチしています。この「粘着的情報」（Sticky information）モデルは、金融政策とマクロ経済の関係をより的確に説明できるという点で、注目を集めています。

の情報はないものとします。ここで、いずれかの壺から玉を1つ取り出す場合に、その玉は赤か白かのどちらか当てて下さい。当たれば賞金が出ます。あなたはどちらの壺を選択しますか。

主観的確率を用いた期待効用仮説に基づけば、どちらの壺を選んでも成功の確率は2分の1で同値であり、どちらから玉を取るかは無差別であるはずです。しかし、エルスバーグの観察した行動はこれとは異なるもので、多くの人が壺Aから玉を取り出すことを選択しました。

これは、ナイト流不確実性が存在する壺Bという曖昧な事象よりも、むしろ確率分布のわかっている壺Aというリスク的な事象を好むという人々の行動パターンを示していると考えられます。このような行動様式は、「曖昧性の回避」（ambiguity aversion）と呼ばれます。

フォックスとトヴェルスキー（Fox and Tversky 1991）は、この考え方をさらに深め、どのような状況において曖昧性の回避が生じるのかを詳しく見るためにいくつかの実験を行いました。結論としては、人々の行動の選択肢として、ナイト的に不確実な事象（今の例の場合は壷B）と相対的に確実な事象（今の例の壷Aなどのリスク）の両方が併存する場合には、壷Aを好むというように曖昧さへの回避の傾向を示すということがわかりました。

一方、彼らは、この2種類の事象が同時に提示されないような場合には、2つの事象の持つ「不確実さ」の違いは、意思決定のあり方に無関係となり、曖昧さへの回避が発現することはないとも述べています。これは一見当たり前な結論ですが、ここでもプロスペクト理論と同様に、問題設定のフレーミングによって人々の態度が変化しているという、一種の「非合理性」の存在を示唆しているといえます。

なお、福田（2001）は、曖昧性の回避が見られる場合には、期待効用仮説とは異なる原理で意思決定がなされるため、金融市場での資産価格の形成などに関して、新古典派的な「資産価格＝ファンダメンタルズ」の考え方が成り立つとは限らないとしています。つまり、ある一定の条件の下で、曖昧性の回避を持つ経済主体は、資産の取引から全く手を引くような場合が発生し、結果として資産価格がその資産のファンダメンタルズとは食い違った形で推移する可能性があることが示されています。

ポイント

・本章では、人々は不確実性に直面するとき、なぜ経済学が標準的な行動と考える期待効用仮説に沿った選択をしないのかというポイントに焦点を当てた。

・カーネマンとトヴェルスキーは、不確実性下の行動の典型的なパターンとして、①利得よりも同じ額の損失に対してより深刻に受けとめる「損失回避」、②得をする局面では危険回避的選択をするのに、損をする局面ではむしろ危険志向的な行動をとるという非対称性、③わずかな確率であっても発生する確率が正であれば、その確率を過大に認識する「確率ウェート関数」といった要素からなるプロスペクト理論を打ち立てた。

・プロスペクト理論はそれ自身でも、またセイラーらが考案した「心の家計簿」という特殊な金銭処理の慣習と合わせることでも、労働時間の選択から電話料金の選択、投票行動まで現実の人々の様々な経済行動をより的確に表現できる。

第5章　非合理的な投資家は市場を狂わす——行動ファイナンスの世界

1　行動ファイナンスは行動経済学の最先端の応用分野

第2章から前章までは、なぜ人々は伝統的な合理性経済学の予測とは異なる判断や行動をとるのかという、主にミクロ的な原理について見てきました。本章では視点を変えて、行動経済学の応用分野として最も有力なものの1つといわれる「行動ファイナンス」という金融マーケットの分析について触れてみたいと思います。

行動ファイナンスは、カーネマンやトヴェルスキー、あるいはセイラーらの心理学的なアプローチによる行動モデルの発展を受け、アメリカの経済学界を中心に研究が盛んな分野です。

この分野は、具体的には、株価の予測可能性や後述する株価プレミアム・パズルの解釈、あるいは価格バブルの原因などについて、かなりの説明力を持つ影響力の強い理論体系といわれています。特に、行動ファイナンスの考え方をもって、1990年代末から2000年代初頭にかけてのアメリカにおける「ITバブル」とその崩壊を予測したロバート・シラーの『根拠なき熱狂』（*Irrational Exuberance*）がベストセラーとなったのは有名なところでしょう。

実際、行動ファイナンスに関する論文・著作物は多岐にわたり、シュライファー（Shleifer 2000）のように金融市場のメカニズムを大胆に分析しようとするものから、個々の投資家に対して「どのようにしたらお金が儲かるか」というアドバイスを指南したものまで、幅広い分野が含まれています。

本書では、このように裾野の広い行動ファイナンスの世界について網羅的に記すことは避け、行動ファイナンスのエッセンスである「合理的でない投資家の存在によってなぜマーケットがうまく機能しなくなるのか」という論点に絞って、いくつかの研究例をかいつまんで説明していきたいと思います(1)。

具体的には、まず、行動ファイナンスが批判の対象とする新古典派的な金融マーケットのモデルである効率的市場仮説を、いわば反面教師として解説します。

次に、金融マーケットのプレーヤーとして、新古典派経済学が想定するような「合理的」な投資家とともに、「限定的にしか合理的でない投資家」が共存することを仮定して、これら投資家の市場活動により金融資産の価格がファンダメンタルズから乖離してしまうことを予測する「ノイズ・トレーダー・モデル」について見ます。

加えて、第3章で説明した近道選びの概念を用いることにより、将来の株価は過去の株価の推移によってある程度予測可能になるという投資家心理モデルについて考察します。

さらに、「株価プレミアム・パズル」と呼ばれる経済学上の謎に対する心理学的アプローチからの1つの解答として、バナーツィとセイラーの「近視眼的損失回避」（myopic loss aversion）を紹介し、最後に、過去の日本や最近のアメリカでも話題になった価格バブルに対する行動ファイナンス理論の説明を検証します。

2　伝統的に正しいとされるファイナンス理論とは？——効率的市場仮説

金融・資本市場の分析と伝統的な合理性経済学の関係

経済理論の中核をなす新古典派経済学は、原則として、マーケットに参加するプレーヤーが合理的に行動することで市場が均衡し、効率的な状態がもたらされると説きました。この新古典派の考え方は、経済学のあらゆる分野に浸透していますが、とりわけ金融マーケットの分析道具として大々的に応用されることとなりました。

なぜなら、金融市場においてはマーケットの参加者が非常に多く、資金と情報が瞬時に動くことから、新古典派的な状態が達成される土壌が十二分に備わっていると考えられたからでしょう。実際、経済学研究者の多くの労力が、金融マーケットにおける新古典派的な市場均衡の検証につぎ込まれてきました。

こうした研究は、金融市場は常に効率的であるという効率的市場仮説（efficient market hypothesis）に結実したといえます。金融市場が効率的であるとは、個々の金融資産の価格が、将来にかけてその資産から得られるキャッシュフローの現在割引価値（つまりファンダメンタルズと呼ばれる水準）に等しいことを意味します。

効率的市場仮説の2つの仮定――投資家の合理性と市場裁定の可能性

効率的市場仮説が成立するには、2つの重要な仮定が必要となります。1つは投資家が「合理的な期待」を形成すること。もう1つは、割安の資産を購入し割高の資産を売却して利益を稼ごうとする投資家の市場裁定（arbitrage）[2]が、資産価格をそのファンダメンタルズの水準に引き寄せるというものです。

このうち、より重要なのは第2の仮定です。これは、たとえ一部の投資家の資産価格に対する期待が合理的でなくとも、マーケットにおける裁定の力が働けば、資産価格はファンダメンタルズに一致するということを主張しています。この点は、かのミルトン・フリードマンが強調したことでもあります。市場裁定が働くようなマーケットでは、非合理的な行動をとる投資家は取引に失敗しお金を失うことで市場からの退場を余儀なくされるので、結果として非合理的な投資家の存在はマーケットに対して影響を与えないはずであるというわけです。

効率的市場仮説の３つのバリエーション

ところで、一口に効率的市場仮説といっても、いくつかのバリエーションがあります。シュライファー（Shleifer 2000）に沿って簡単にその類型を見ることとしましょう。

第一の類型は、「弱い形（weak form）の効率性」と呼ばれるものです。これは、将来の株価あるいは株式投資のリターンなどは過去の情報から予測することはできない、つまり明日の株価に対する最良の予測値は今日の株価であるとする「ランダム・ウォーク仮説」にほかなりません。

株価がランダム・ウォークに従った動きをするというこの仮説の妥当性は、ファイナンス分野の過去の多くの研究において支持されてきました。例えば、ノーベル経済学賞を受賞したショールズとブラックは、アメリカの代表的な株価指数であるＳ＆Ｐ５００種平均の動きと、コイン投げの結果でシミュレートされた株価の推移が極めて酷似したものであるという印象的な観察により、弱い形の効率性の裏付けを示したといわれています。

第二の形態は、「やや強い形（semi-strong form）の効率性」で、株価などの先行きは、公になっている、すべての情報をもってしても予測することが不可能であるという仮説です。過去の情報のみな

$$S^e_{t+1}=\frac{S^e_{t+2}+D_{t+2}}{1+R}$$

これを繰り返して、現在の株価の式を表現し直すと、

$$S_t=\frac{D_{t+1}}{1+R}+\frac{D_{t+2}}{(1+R)^2}+\cdots+\frac{D_{t+T}}{(1+R)^T}+\cdots=\sum_{S=1}^{\infty}\frac{D_{t+S}}{(1+R)^S}$$

となります[3]。ここで初期の配当を D とし、毎期 g の率で成長していくと仮定すると、株価は以下のように表されます。

$$S_t=\sum_{S=1}^{\infty}\frac{(1+g)^{S-1}D}{(1+R)^S}=\frac{D}{R-g}=\frac{D}{r+\rho-g}$$

基本的にはこの式が「株価がそのファンダメンタルズに等しい」ということを表したものです。

結論として、当期の株価は長期金利 r が下落するほど、また配当の成長率（企業収益の成長）が大きくなるほど上昇するということがわかります。

地価についても、株価と同じ考え方が適用できます。すなわち、ある土地資産からの初期の収益（地代）を Rent と置くと、ある時期 t における地価 L_t は、

$$L_t=\frac{\mathrm{Rent}}{r+\rho-g}$$

と表されることになります（ここで ρ は土地への投資にかかるリスク・プレミアムを、g は地代の成長率を表します）。このような地価決定モデルは、一般に「収益還元モデル」と呼ばれています。

らず、現在利用可能なすべての情報としている点で、ウィーク・フォームよりも制約の強い仮説といえます。

　この仮説は、さらに次のことを暗に意味します。それは、個々の企業の株価の場合であれ、日経平均株価など一国全体の株価指数であれ、ファンダメンタルズに関するニュース

補論８　資産価格のファンダメンタルズとは

ここでは、経済用語として一般的に用いられている株価や地価のファンダメンタルズという言葉の意味について、理論的に整理します。

まず株価について考えましょう。t 期の株価を S_t、各期に株主が受け取る配当を D_t とすると、株式投資のリターンを投資当期の株価で除した収益率 R は、株式が値上がりすることによるキャピタルゲイン（あるいはロス）と配当から構成されるので、以下のように表されます。

$$R=\frac{S_{t+1}-S_t+D_{t+1}}{S_t}$$

ここで市場において成り立つ収益率 R は、本文でも議論するように、安全資産（長期国債）の利回り r（一定と仮定）に株式投資のリスク・プレミアム ρ（一定と仮定）を加えたものと解釈できます。この式は、当期の株価を左辺にすると、以下のように書き直されます。

$$S_t=\frac{S_{t+1}+D_{t+1}}{1+R}$$

ここで来期の株価 S_{t+1} は現時点ではわからないので、期待という意味で e を付します。

$$S_t=\frac{S^e_{t+1}+D_{t+1}}{1+R}$$

来期の株価の予想は、次のように表されると考えられます。

が公になった瞬間に株価は適正な水準に調整されるはずであるというものです。ファンダメンタルズに関するニュースとは、個々の企業の場合には収益力に関するものですし、一国経済の場合には財政や金融政策の方針に関するものなどを意味するでしょう。

裏を返せば、例えば、経済全体に関するよいニュース（例えば金融政策の転換）が公になったとして、他の要因では株価が動かないような場合、日経平均株価などが瞬時には高まらないとすれば、投資家は株価が新たな水準に調整されるまでの時間差を利用して、お金を儲けることができるということになります。この形態の効率性の仮説は、この可能性を排除するわけです。なお、この仮説は、一般に「イベント・スタディ」（event study）と呼ばれる手法によって検証されています。

効率的市場仮説の第三の類型は、「強い形（strong form）の効率性」というもので、将来の株価などの資産価格は、公私の性質を問わずあらゆる情報をもってしても予測することが不可能であるという、前二者に比べてもかなり制約の強い仮説です。いい換えれば、この仮説のインプリケーションは、効率的な市場の下ではいかなる状況でも投資家はフリーランチを得ることはできないということになります。

この仮説については、私的情報を利用したインサイダー取引によって多大な利益が発生しているという現状からは、成立しえないものであるという認識が一般的です。しかし、少なくとも第一、第二の効率性というレベルにおいては、効率的市場仮説は長きにわたって最も信頼されてきた経済理論の１つといっても過言ではないでしょう。

効率的市場仮説への反動(1)――「投資家の合理性」への批判

しかしながら、１９８０年代以降、主に実証研究の立場から、効率的市場仮説の正当性に対し様々な批判が展開されるようになりました。その皮切りとなったのが、デボントとセイラー（DeBondt and Thaler 1985）の研究です。彼らは株価がランダム・ウォークに従うはずであるという（ウィーク・フォームの）効率性市場仮説のインプリケーションに対し、株価は過去の動きから予測できることもあるという疑問を呈しました。

詳しくは後節で紹介しますが、彼らの発見の重要なポイントは、収益率という意味で過去に成績のよかった（悪かった）銘柄ほどその後の収益率は低く（高く）なるというものです。こうした経験則が正しいのであれば、投資家は文字通り各銘柄の過去の株価から将来の収益を予測できることになり、効率性市場仮説の類型のうち最も制約の弱い形態の効率性すら成り立たないということになります。

このような効率性市場仮説への批判は、金融市場のプレーヤーである個人投資家や機関投資家が必ずしも合理的な期待形成をするわけではないことを示唆しています。このうち個人の投資家の行動に非合理性・限定合理性が見られるということについては、ある程度理解が得られるでしょう。

例えば、①二〇〇〇年代初めのアメリカのエンロン事件に見られるように、会社の従業員が自社株に偏った資産ポートフォリオを形成してしまうこと、[4] ②特に男性投資家にありがちであるが、必要以上に頻繁に株式などの取引を行うこと、[5] ③ブローカーや証券アナリストの助言を鵜呑みにして投資をしてしまうこと、といった限定合理性の症例は枚挙にいとまがありません。

余談になりますが、個人投資家は必ずしも合理的に行動するわけではないという論点は、公的年金改革の1つのオプションとして議論されることの多い民営・個人勘定化に対して重大な疑問を投げかけるものといえるでしょう。

他方、機関投資家についてはどうでしょうか。機関投資家は個人投資家を代理して金融市場の取引に参画し、その取引のパフォーマンスに対して報酬を得ているプロなわけですから、少なくとも金融取引に際して非合理的に行動することはないと考えられるかもしれません。実際、先に触れたミルトン・フリードマンの議論などは、機関投資家による合理的な裁定行動が金融資産の市場価格をファンダメンタルズに引き寄せることを念頭に置いています。

しかしながら、シュライファーらの研究（Lakonishok, Shleifer and Vishny 1992）に見られるように、確定給付型年金基金をはじめとする機関投資家は、短期で見てもある程度長期で見ても、S&P500のような平均的な株価指数への投資よりも低いリターンしか生み出していないことが観察されています。このことは、機関投資家が必ずしも合理的に投資活動を行っているわけではないことを暗に示しているといえるでしょう。

このように、個人か機関かを問わず、現実には多くの投資家が非合理的な行動に陥りがちであることが想像できます。効率的市場仮説の大前提の1つである「投資家は合理的期待形成を行う」という仮定は、非常に危ういものであるということがわかります。次節ではこの観察を少し緩め、合理的な投資家と非合理的な投資家が市場に共存するとした上で、効率的市場仮説が想定するように合理的投資家による裁定行動が市場の資産価格をファンダメンタルズまで引き戻すことができるかどうかを見ていきます。

3　非合理的な投資家のせいで市場裁定が機能しない――ノイズ・トレーダー・モデル

効率的市場仮説への反動(2)――市場裁定の限界

既に見たように、効率的市場仮説の重要な命題として、仮にマーケットの中に非合理的な投資家が存在したとしても、合理的な投資家による裁定（安く買って、高く売る行動）によって株価などの資産価格はファンダメンタルズから乖離しえないという議論があります。

これは、同質の金融資産であればマーケットにおいて全く同一の価格付けがなされるということを意味します（これを一物一価の法則といいます）。しかし現実の市場では、この原則に合致しない例が多々見られるとされています。その有名な例として、フルートとデボラ（Froot and Debora 1999）が示した、石油会社のロイヤルダッチとシェルの株価の推移があります。

この2つの石油会社は、1907年に共同持株会社の傘下に置かれ、すべての利益はプールされてロイヤルダッチに6割、シェルに4割の固定比率で配分されることとなりました。つまり、効率的市場仮説が正しければ、ロイヤルダッチの株価はシェルの1・5倍となるはずです。しかし、現実の株価比率は90年代にかけて1・5の比率から大きく（上方にも下方にも）乖離していたことが知られており、このことは市場裁定が完全には機能していないことを示しています。

なぜなら、比率が1・5より高ければ（低ければ）、合理的な投資家は利益を得るために、割高なロイヤルダッチ株を売り（買い）、同時に割安なシェル株を買う（売る）べきで、こうした裁定取引によって株価比率は1・5に収束するはずだからです。

非合理的な投資家＝ノイズ・トレーダーのモデル

デロングら（DeLong, Shleifer, Summers and Waldmann 1990）は、マーケットにおける

このような裁定の不完全性に着目しました。彼らは、市場に合理的な投資家（裁定者）と合理的ではない撹乱的な投資家（ノイズ・トレーダー）が存在する場合に、株価に対する後者の非合理的な期待がマーケットに及ぼす影響が、合理的な投資家の裁定行動によって打ち消されるか否かを検証しています。ここでは、複雑な数式を使うことなく彼らのモデルのエッセンスをかいつまんで説明します。

簡単にモデルの背景を見ましょう。まず、すべての投資家が2期間生存し、第1期に投資を行い、第2期には投資を清算してその収益を消費に充てると同時に、新たな投資家が生まれ投資活動をするという世代重複モデルを仮定します。つまり、投資家が行う重要な選択は、第1期におけるポートフォリオの選択ということになります。

また、市場には第2期に同じ配当をもたらす2種類の資産があるとします。1つは単位当たりの価格を1とする安全資産Sで、同じ価格でいくらでも供給されるとします（価格弾力性が無限大な状態です）。もう1つの資産は市場に1単位しか供給されないリスク資産Rで、価格が固定されていません。

ここで、「合理的な投資家（裁定者）は、第1期の段階で第2期におけるリスク資産Rの価格について合理的な期待を持つ」と仮定します。一方、非合理な投資家（ノイズ・トレーダー）は、合理的な期待を持たず、第2期におけるリスク資産Rの価格を、合理的期待の下で形成される価格からある変数ρだけ乖離したものと勘違いします。

ρはランダムな変数であり、その期待値はゼロではないと仮定します。いい換えれば、ノイズ・トレーダーの資産Rの価格に対する期待については、ランダム変数が介在するために正確に予測することは不可能であるということです。

なお、2タイプの投資家とも金融資産のリスクとリターンに対して同じ嗜好（効用関数）を持っているとします。各投資家は、投資の結果得られる第2期の資産額を最大化するよう、第1期の安全資産Sおよびリスク資産Rの投資額を選択します。

ここで、2タイプの投資家のリスク資産Rへの需要額を合計することで、リスク資産Rへの総需要が導出されます。第1期の資産Rの価格は、需要と供給（仮定により1）が一致するように決定されます。

デロングらのモデルのポイントは、市場均衡の下で成立する危険資産の価格が、そのファンダメンタルズの水準（資産Sの価格である1）には一致しないことを示した点にあります。具体的には、非合理的なノイズ・トレーダーが第2期のリスク資産の価格について平均よりも強気（弱気）の見通しを持つとすれば、第1期のリスク資産の価格は上昇（低下）することになります。加えて、足元においてリスク資産の価格がファンダメンタルズに一致しない「価格付けの失敗」があれば、合理的な裁定者は、将来（第2期）投資を清算する段階で、ノイズ・トレーダーの非合理な期待によって実勢価格とファンダメンタルズの乖離がさらに広がってしまっていることを恐れるため、思い切った裁定取引に出ることができないという問題が出てきます。

いい換えれば、第２期に新たに投資活動を行うノイズ・トレーダーがリスク資産Rの価格についてどのような期待を持つかに不確実性が存在することにより、本来であればリスクがないはずの資産がリスキーなものになってしまうというメカニズムが発生してくるわけです。

つまり、効率的市場仮説が仮定するように安全資産とリスク資産は配当が同一であるからといって完全な代替商品であるというわけではなく、非合理的な投資家による不安定な期待形成のために、２つの資産は完全には代替可能ではなくなってしまうのです。

ノイズ・トレーダー・モデルの現実への応用例

ノイズ・トレーダー・モデルの考え方を応用した現実の株価分析を見てみましょう。まず、フレンチとポターバ（French and Poterba 1991）は、１９８０年代の日本の株価が、株価収益率（ＰＥＲ）が60にも届くという、およそファンダメンタルズでは説明できない水準で推移していたのは、将来時点で株価がファンダメンタルズからさらに乖離してしまうというリスクに直面した合理的な投資家が、十分に裁定取引を機能させることができなかったからではないかと指摘しています。

また、シュライファー(Shleifer 1986)は、ある銘柄がS&P500や日経平均などの指数へ新たに算入される場合に、算入時点で当該銘柄の株価が上昇するという現象を検証し、これを裁定取引の不完全性によるものであると指摘しています。

この議論の背景には、一般にS&P500などの指標へある銘柄を繰り入れる際の基準は、当該企業の業績によるものではなく、その銘柄が一国経済を代表するような業種であるか否かにあるため、ある銘柄が指数に含まれるというニュースは、その株式のファンダメンタルズに対して何の情報ももたらさないはずであるということがあります。

つまり、S&P500などの指数に新たに含まれたからといって、当該企業の株価がその理由だけで上昇するのは効率的市場仮説に矛盾するというわけです。効率性市場仮説が正しければ、価格の上昇した新規銘柄を売り、これと代替的な銘柄を買うという裁定取引によって、新規銘柄の株価はファンダメンタルズの水準にとどまるはずです。しかし、シュライファーは、ノイズ・トレーダーによるリスクの存在や、市場に完全代替的な銘柄が存在しないという理由から、こうした裁定行動は不十分なものになるとしています。(6)

4 逆張り戦略は有効か？——投資家心理と株価の予測可能性

非合理的な投資家の内面

第3節では、たとえ合理的な投資家が市場に存在するとしても、非合理的な投資家（ノイズ・トレーダー）の存在によって、合理的投資家の裁定取引は完全には機能しないということを見てきました。しかし、そこでは、非合理的なノイズ・トレーダーが資産価格についてどのような期待を持って行動するのか、という点については詳しく触れませんでした。

そこで本節では、効率性市場仮説の第一の仮定である「投資家は合理的な期待形成を行う」という命題に対して、第3章で紹介した近道選び（ヒューリスティックス）で生じる投資家の判断上のバイアスのために、一部の投資家は株価の将来予測などの局面で必ずしも合理的な期待を持ちえないという議論を見ていきます。

投資家が現在の株の動きに過剰に反応するから逆張り戦略は有効

こうした議論の発端となったのが、第2節でも述べたデボントとセイラー（DeBondt and Thaler 1985）の有名な研究です。繰り返しになりますが、彼らは、過去に高リターンを記録したポートフォリオ（勝ち組）ほどその後は低いリターンしか生まず、過去に低リターンだったもの（負け組）ほどその後に高いリターンをもたらすということをデータで示しました（図表5－1参照）。

こうした現象は、効率的市場仮説が想定するように株価は予測不可能（ランダム・ウォー

図表5－1　過剰反応を示す投資家

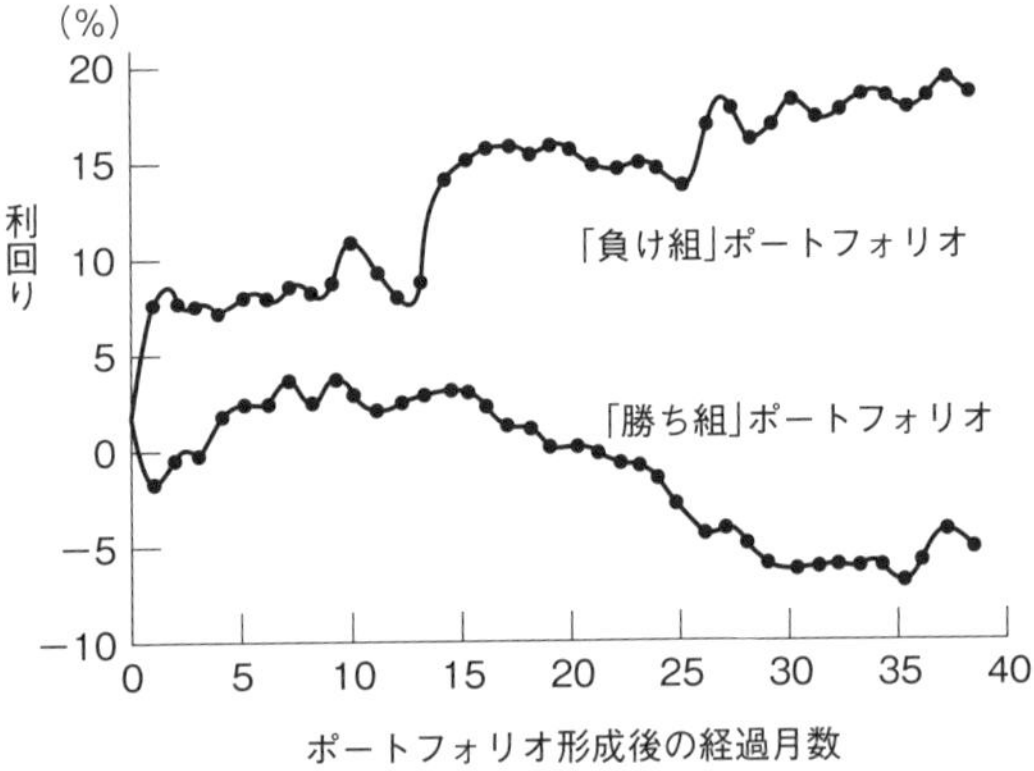

（出所）DeBondt and Thaler (1985).

ク）というのとは異なり、過去の株価の推移からある程度予測可能であるということを示唆します。

この現象をより理論的に説明するため、シュライファーら（Barberis, Shleifer and Vishny 1998）は、カーネマンとトヴェルスキーが発見した「代表性の近道選び」の考え方を応用しました。すなわち、一般に投資家は、ある企業の将来の業績、ひいては当該企業の株価を予測する際に、最近の実績や株価トレンドを当該企業のファンダメンタルズを代表するものと判断し（代表性の近道選び）、結果としてトレンドを外挿した形で将来の予測を行うかもしれないわけです。

これは、ある企業で好業績が続いた場合には当該企業の将来の株価を過大に見積もり、逆に業績が悪かった場合には将来の株価を過小に予想することを意味します。

好業績が続いた株式は、投資家のこうした過剰な反応の結果、価格が吊り上げられ、その後のリターンは低迷します。他方、最近のパフォーマンスが悪かった株式については、やはり投資家による過剰反応の結果として株価が引き下げられ、その後のリターンはむしろ高まります。

このような人々が一般的な投資家であるとすれば、例えば業績の悪かった株式に投資するといった、株価に対する市場の誤った予測を逆手にとる投資戦略（これを逆張り戦略あるいはへそまがり戦略と呼びます）で、多大な収益を得ることができるということを意味します。

シュライファーらは、株価純資産倍率や株価キャッシュフロー倍率、株価収益率、売上高成長率などの企業の財務指標をもとに、逆張り戦略がハイリターンを生むかどうかをシミュレートしました。結果として、いずれの指標についても、投資家の過剰反応が、逆張り戦略に高パフォーマンスの機会を生み出していることが示されました。

合理性経済学の反論は「合理的」か？

さて、パフォーマンスが悪い割安銘柄（バリューストック）が将来高収益を生むという現象については、効率的市場仮説の側からの反論もあります。割安銘柄はそうでない株式に比べて根本的によりリスキーであるために、リスクに対する適正なプレミアムとして収益率が高くなっているという議論です。

これに対して、シュライファーらは、過去の記録から見ても、基本的には割安銘柄は成長銘柄を収益の面で凌駕しており、収益が悪い年であってもさほど大きな損失を生じていないと再反論しています。さらに、割安銘柄も成長銘柄もリターンの分散値というリスク面ではほぼ似たような水準にあり、景気後退期には割安銘柄はむしろよいパフォーマンスを示すなど、割安銘柄が成長銘柄よりもリスキーではないことを示唆するデータ分析も存在します。

結論として、効率的市場仮説の反論はあまり有効ではないと判断できるでしょう。一般の投資家の資産価格に対する期待には近道選びによる限定合理性が少なからず介在するということが推察されるわけです。

投資家はニュースに反応しない場合もある――保守的行動

これまで見たような、投資家のニュースに対する過剰反応という現象に加えて、シュライファーらは、投資家は時として企業収益などのニュースに対して十分には反応しない場合もあると指摘しています。

具体的には次の通りです。投資家は情報を蓄積していくにつれ、各企業のファンダメンタルズについてある種の確信を抱くようになります。そうやって形成された確信に反するような企業業績に関するニュースが1つや2つ飛び込んできたとしても、投資家は自分の確信に固執して保守的に行動する結果、新たな情報をもとにその企業の価値を再評価するようなことはしないかもしれないという考え方がこれに当たります。

結果として、マーケットでは、投資家が新たな情報にほとんど反応しないという現象が観測されるわけです。この保守主義的な心理作用に基づく過小反応モデルは、既に述べた過剰反応モデルとは逆のことを述べており、両者に一貫性がないという反論[7]もありえます。

しかし、シュライファー(Shleifer 2000)も述べているように、ある程度の期間にわたって蓄積された企業価値に対する信念は1つや2つの新たな情報では変化しにくい(過小反応)が、同じような情報が立て続けに入ってくるようになると次第にこのトレンドを真のファンダメンタルズを代表するものと勘違いするようになる(過剰反応)と考えることで、両者の考え方を矛盾なく接合することは可能でしょう。

5　株式プレミアム・パズルと近視眼的損失回避性

プロスペクト理論のファイナンス分析への応用

第3、4節では、投資家には資産価格に対する期待に関して何らかの非合理性があるという可能性について述べ、その主たる要因として代表性の近道選びがあるということを議論してきました。

これに対して、第4章で見た行動経済学における人間行動理論のもう1つの柱であるプロスペクト理論を用いて、金融マーケットにおける謎を解決しようというアプローチもあります。ここでは、その代表的なものとして、いわゆる「株式プレミアム・パズル」について解説を試みたいと思います。

歴史的に株式は債券よりもかなりリターンが高い――株式プレミアムの謎

株式プレミアム・パズルとは、アメリカをはじめ先進諸国における株式投資の利回りが、国債などに代表される安全資産の利回りに比べて極めて高く推移してきたという現象を指します。これを最も明確な形で示したのが、シーゲル（Siegel 1992）の調査です。彼はアメリカの株式利回りの過去約200年の推移を調べ、名目で見ても実質で見ても国債利回りに比べて5～7％程度高いということを発見しました。

ここで、株式投資は国債などの安全資産への投資に比べると相対的にリスキーであり、投資家は通常はリスクを嫌うため、株式利回りにリスク・プレミアム分が上乗せされる結果として、株式の利回りが安全資産の利回りを上回ること自体は自然なことです。

しかし、メーラとプレスコット（Mehra and Prescott 1985）は、一般の投資家が通常では考えられないほどリスクに対する強い嫌悪感を持っている（リスク回避性が異常に高い）と仮定しない限り、この水準のリスク・プレミアムの存在を説明できないと指摘しました。これこそが株式プレミアム・パズルがパズルと呼ばれる所以です。

さらにいうと、一般に、株式投資については、20～30年程度の長期間の保有を前提とすれば、最悪の場合でも、株式の利回りは国債などの安全資産の保有による利回りよりも大きくなることが知られています。つまり、長期という観点では、株式が債券よりもリスキーだということにはならないのです。

行動経済学による株式プレミアム・パズルの解明——近視眼的損失回避性

株式プレミアム・パズルに対しては、伝統的な経済学からも行動経済学からも説明が試みられていますが、中でも有力とされるものの１つが、バナーツィとセイラー（Benartzi and Thaler 1995）による「近視眼的損失回避性」（myopic loss aversion）という考え方です。

近視眼的損失回避性は、文字通り２つのパーツからなります。第一は、第４章で詳しく見たように、投資家が、参照点と認識される所得額を出発点として、利得よりも損失に対してより大きく反応するという損失回避性です。第二は、近視眼性と呼ばれる概念で、その名の通り、投資家は長期というよりむしろ比較的短いインターバル（例えば１年）で投資実績の評価を行いがちであるという仮定です。

バナーツィらは、株式と長期国債の利回りのデータ、様々な実験結果に基づく人々の損失回避の程度をもとに、投資家の視野の長さがどの程度であれば（つまりどの程度近視眼的であれば）、現実に観測される株価プレミアムが説明できるかを検証しました。

ここで、損失回避性を仮定するだけでは、投資家が20年や30年という長い視野を持つような場合には既に述べたように株式の利回りは安全資産の利回りよりも優位であるため、株式が選好されることとなります。結果として株式のリスク・プレミアムの大きさを説明できなくなりますので、投資家がより短い視野で行動するという近視眼性の仮定は、バナーツィらのモデルの重要な要素といえます。

バナーツィらは計測の結果、投資家が10～12ヵ月に1度のペースで自身のポートフォリオを再評価する場合にはプレミアム・パズルをうまく説明できるとしています。おおよそ1年に1度の割合で投資家がポートフォリオを見直すという仮定は、それほど不自然なものではないでしょう。

例えば個人投資家については、金融所得課税等が申告制度である場合には、ポートフォリオ実績を年度単位で見直すと考えられます。機関投資家の場合であっても、顧客への報告は比較的短いインターバルで行われるので、1年より長い視野を持って行動することは少ないと考えられます。

なおバナーツィらは、1年という近視眼的な視野で投資を行う損失回避的な投資家を想定すれば、ポートフォリオのうち30％程度が株式に向けられるのではないかとも指摘しています。これは、アメリカ国民のポートフォリオからいえばあながち外れた値ではなく、モデルの現実的妥当性を示すデータであるといえます。

ちなみに、株価プレミアム・パズルへの回答としては、他の行動経済学モデルからのアプローチも存在し[8]、必ずしもバナーツィらの近視眼的損失回避モデルが決定版とはいい切れないのは事実です。しかし、モデルの仮定が現実の人間行動に忠実であることやアメリカにおける投資家の株式選好がうまく説明できることから、このモデルは極めて妥当性が高いといえます。日本においても、最近はともかく、１００年単位などの長期で見ると、株式プレミアムが６～７％程度とアメリカ並みに存在することが知られています。

プロスペクト理論を用いたその他の事例

最後に、プロスペクト理論の損失回避性を用いて説明できる事象として、一般に投資家は資産の値上がり益、つまりキャピタル・ゲインを実現させようとするのに対して、資産の値下がり損、つまりキャピタル・ロスは実現させようとしないという現象について触れます。

先進国の中でも特徴的なことですが、アメリカのキャピタル・ゲイン課税制度では、売却により実現されたキャピタル・ゲインに課税される一方、一定限度の金額までは損失を他の課税所得から損金として控除することができます[9]。

このため経済的なインセンティブという意味では、キャピタル・ロスの場合には損切りを、キャピタル・ゲインの場合にはその実現化を先延ばしすることが合理的であるにもかかわらず、前記のように逆の行動が観察されるのは一見矛盾しているように見えます。

しかしながら、この現象は、投資前の所得や資産を参照点として、利得（キャピタル・ゲイン）よりも損失（キャピタル・ロス）に対して過剰に反応するという損失回避性が、投資家にキャピタル・ゲインという損を実現するのをためらわせていると説明することが可能です。オディーン（Odean 1998）は、アメリカのデータを用いてこのモデルを詳しく説明しています。

6 合理的な投資家も非合理的な投資家も共犯？——価格バブルと行動経済学

ファンダメンタルズから乖離した価格は「合理的」に説明できるか？

価格バブルとは、金融資産や実物資産あるいは外国通貨と国内通貨の相対価格である為替レートなどの価格が、その実力を示すファンダメンタルズに関する情報に裏付けられない状態で上昇を続ける現象ということができます。価格は実体的な裏付けなしに永遠に上昇しつづけることはできませんから、バブルは最終的には崩壊し、株価などのクラッシュという現象が起きることになります。

こうした価格バブルの代表的な事例としては、20世紀初頭の大恐慌前のアメリカ株式市場、1980年代末から90年代初頭にかけての日本の地価および株価のバブル、80年代中ごろのドル高、87年の暴落前のアメリカの株価、95年に1ドル＝79円まで進んだ急激な円高現象、そして90年代末のアメリカにおけるインターネット関連株価の上昇（いわゆるIＴバブル）、そして二〇〇〇年代のアメリカの住宅価格の高騰など有名なものが含まれています。

こうした価格バブルがなぜ発生するのかについては、様々な説明がなされていますが、伝統的な経済学の枠組みで説明しようとする試みもあります。例えば、ガーバー（Garber 1991）などは、17世紀末のオランダでのチューリップ熱と呼ばれるブームに始まるといわれる価格バブルの歴史をくまなく調べ、多くの場合において価格バブルは合理的な期待によって説明できるとしています。

行動経済学によるバブルの解明――ポジティブ・フィードバック

一方、行動経済学者は、価格バブルが生まれ、これがある程度の期間にわたって持続することを説明するには、消費者や投資家の心理作用を考慮したモデルを用いることが不可欠であるとしています。ここでは、シュライファー（Shleifer 2000）やそのもとになったデロングら（DeLong *et al.* 1990）のモデルの考え方を紹介することにします。

これらによると、どんな価格バブルにも共通の要素があるといいます。それは、①バブル発生の初期段階において株価などについてのよいニュースが存在する、②続いて、価格の上昇が上昇を呼ぶ「ポジティブ・フィードバック」（positive feedback）現象が観察される、

③最終的にバブルの破裂（クラッシュ）という現象が起きる、という一連の流れです。

こうしたバブルの一連のストーリーを説明するのに不可欠な要素は、買いが買いを呼ぶポジティブ・フィードバック取引でしょう。この種の取引行為を説明する1つの方法は、第4節でも見た代表性の近道選びによる投資家の過剰反応であるといえます。

過剰反応モデルは、同時に、売りが売りを呼ぶ負のフィードバックの局面、つまりは資産価格がファンダメンタルズにかかわらず際限なく下落するという、バブルの逆を説明することも可能でしょう。

また、主に機関投資家が株価の上昇・下落に合わせて株式投資の割合を増減させるというポートフォリオ保険などの投資行動も、価格バブルの過程を説明する要因であるといえます。

これらの要素に加えて、シュライファーらのモデルでは、合理的な投資家の行動も価格バブル継続のための重要なファクターであるとされています。すなわち、もし合理的な投資家が、ある株式などに関するよいニュースが公表された時点で、ポジティブ・フィードバック取引を行うような非合理的な投資家の行動を正しく予想すると考えれば、通常の裁定行動とは逆に、買いの取引を行って利益を得ることが合理的な行動になるのです。

合理的な投資家が株式を購入したことで、実際に次の期に株価が上昇すれば、非合理的なノイズ・トレーダーはポジティブ・フィードバックの考え方により、価格が上昇した株式にさらに投資するようになるでしょう。

このような考え方にのっとれば、合理的な投資家の裁定行動は、効率性市場仮説が予測するように市場を安定化させる方向に働くのではなく、むしろ市場を不安定化（destabilize）させる作用をもたらしてしまうことになります。

このように、シュライファーらのモデルは、非合理的な投資家心理という要素だけではなく、合理的な投資家とそうでない投資家の相互作用の結果として価格バブルという現象を説明している点で説得力の高いものであるといえます。

日本の１９８０年代末の地価バブルにおいても、シュライファーらのモデルが示唆しているように、地価が上昇しつづけるという「土地神話」を背景として、一般家計も含めた多くの投資家が、ポジティブ・フィードバック的な取引に走ったということは容易に想像されます。さらには、銀行などの比較的合理的と考えられている経済主体も、土地神話がファンダメンタルズに沿ったものではないことを知ってか知らずか、地価上昇を煽るような融資行動に出たということも、合理的な投資家と非合理的な投資家の行動の相互作用によってバブルが助長されるということこのモデルのメッセージを確認するものといえるでしょう。

ポイント

・金融・資本市場は伝統的な合理性経済学の想定する世界が成り立ちやすいと考えられる分野であるにもかかわらず、多くのデータや実証研究によれば、この分野ですら合理性経済学の前提には疑問があるとされている。

・伝統的な効率的市場仮説に対する問題点は、①近道選びやプロスペクト理論により、個人・機関を問わず、投資家の行動が必ずしも合理的とはいえない、②非合理的な投資家が存在することにより、必ずしも合理的な投資家による裁定取引が機能しなかったり、逆に彼らの行動が市場の価格形成をより非合理的な方向に導いてしまう、という点に主に集約される。

・一般的にいえば、このような「より現実的な投資家の行動」を前提とした行動ファイナンス理論によって、金融・資本市場において資産価格がそのファンダメンタルズとかけ離れた動きをするという現象の背景の、かなりの部分を説明することができる。

第6章　人間は「超」自制的か？——先送り、その場の快楽、自己制御

1　時間を通じた行動を現実的に捉える試み

会社員のNさんは奥歯に軽い虫歯を患っています。歯科医院は会社のそばにあるので、昼休みや帰り際に行くことは可能です。しかし、Nさんは「明日こそは、歯医者に行かなくては」と思いつつも、歯科医院での治療を苦手に感じているせいか、いざとなると行くのをやめてしまいます。「いや、明日こそは」と反省しますが、やはり翌日になると行く気をなくしてしまいます。……そうこうするうちに、Nさんの虫歯は進行し、ついに痛みに耐え切れず歯科医院の門を叩くことになりました。

このたとえ話は、本章のテーマである「時間を通じた行動」に関係します。第1章では、

時間を通じた消費選択に関する経済学の標準的なモデルとして指数的割引モデルを紹介しました。そこでも述べたように、このモデルはマクロ経済モデルやその前提となるライフサイクルモデルなどの消費モデルで当然の前提として用いられることが多いものです。

しかし、この標準モデルは、第2章で批判したような経済主体の完璧な合理性を求める理論と同様の問題を抱えています。それは、このモデルが、消費者などの経済主体の行動を完壁に自制的であるとみなしていることにあります。

つまり、指数的割引モデルは、経済主体があらかじめ（t＝0期の時点で）計画した行動予定を途中の段階（t＞0において）で変更することなく実現させることを意味しています。先の例でいえば、当初計画したようにNさんは歯科医院に出向くはずです。

しかし、我々が現実にこのモデルが想定するほど自制心を持つというのはいささか極端な議論といえます。例えば、テストを目前に控えた学生が、「明日は早起きして今日の続きをやる」といって寝床に入った場合、翌朝目覚まし時計が鳴った時点で睡魔に打ち勝ち、前夜の決意を実行するとは限らないでしょう。この学生は、「もう少し寝る」という目先の誘惑に身を任せるかもしれないのです。歯科医院の例では、Nさんは「今日歯科医院に行く」という「痛み」を先送りする誘惑に負けているのです。

この章では、経済学の標準的な異時点間行動モデルに対して、より「生身に近い」人間の行動を表せるような別の考え方を整理します。まず、標準的な経済モデルと現実の人間行動との乖離を示す代表例として、「選好の逆転」あるいは「時間非整合的な行動」を少し詳しい形で示します。次に、このパズルを解くための1つの手法として、指数的割引モデルに代わる有力な異時点間モデルである双曲型割引モデルを紹介します。続いて双曲型割引モデルの応用例を紹介します。最後に、双曲型割引モデルを補完するような、時間を通じた人間行動に関する他のモデルを簡単に紹介します。

2　いつまで経っても「今」が大事？——伝統的モデルのパズル

選好の逆転——時間が経つと好みが変わる

ローウェンスティンとその共同研究者たちは、指数的割引モデルから予想される人間行動と現実の人間行動の乖離を「アノマリー」として位置付け、いくつかの類型を示しました(Loewenstein and Prelec 1992)。ここでは、代表的なものとして、「選好の逆転」(preference reversal) という現象を紹介します。

1期先の将来が現在に比べてどれだけ「重要か」を表すウェート、つまり割引因子が常に一定である「指数的割引因子」を持つような人間は、t期と$t+s$期の2時点間の行動の関係を2時点間の期数の差（s）のみに依存させると仮定されています。

つまり、t期に比べて$t+s$期にどれだけ消費するかなど、2時点の行動を決めるには、2時点の相対的な時間の関係（何期離れているか）のみが重要で、どれくらい時が経過しているかという絶対的な時間の概念は関係ないということです。

このモデルに従えば、ある労働者が100日後にとる15分間の休憩よりも101日後にとる20分間の休憩を好むのであれば、100日経過した段階においても、この労働者にとっては、「明日」の20分間の休憩の方が「今日」の15分間の休憩よりも望ましいはずです。いずれの場合も、1日違いの2日間の行動の関係を決める問題だからです。

しかし、ローウェンステインらによれば、多くの実験結果において、これとは異なる現象が観察されるとしています。つまり、先の例でいえば、当初の考えにかかわらず、100日経過した段階では、「今日」の15分間の休憩の方が「明日」の20分間の休憩よりも望ましいと考える者が多いということです。これは、人々の選好が時間の経過とともに転換ないし逆転していることを意味します（図表6－1参照）。

選好の逆転という現象は、標準的な指数型の割引モデルが予測するような「時間整合性」（time consistency）に対して、時間が経過することによって人々がとる行動が当初の予定とは違ってくるという意味で「時間非整合性」（time inconsistency）とも呼ばれます。

図表6－1　選好の逆転
（時間の経過で価値の大小が逆転する）

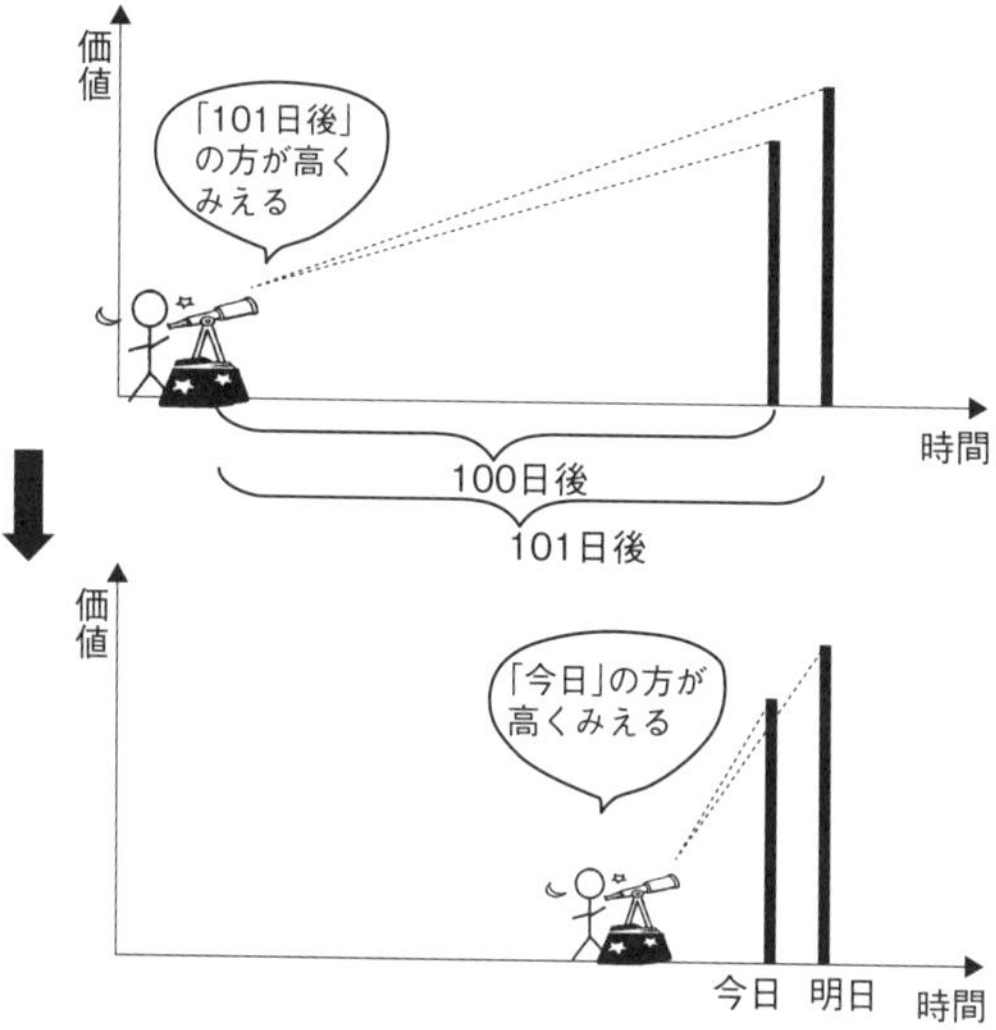

この「選好の逆転」あるいは「時間非整合的な行動」という現象は、指数的割引モデルでは説明が不可能なため、これとは異なる割引因子のあり方を考える必要があります。以下では、代替的な割引モデルとして有力な双曲的割引モデル（hyperbolic discounting model）を検証していきますが、説明を簡単にするために、まずは、時間を通じた行動モデルに関する専門用語や記号論について議論しましょう。

割引関数、割引因子、割引率

まず、割引関数（discount function）は関数$D(\tau)$と表され、τ期先[1]の効用を現在の価値で測るために、τ期先の効用単位にかかる割引ウエートの系列を示します。例えば2期先の効用を現在価値で見るために

$$-\frac{D(\tau+1)-D(\tau)}{D(\tau)}=-\frac{\delta^{\tau+1}-\delta^{\tau}}{\delta^{\tau}}=1-\delta \qquad (6-1)$$

$$u'(c_t)=\delta R u'(c_{t+1}) \qquad (6-2)$$

は、$D(2)$というウェートが掛けられます。第1章で見た指数的割引モデルの場合には、$D(0), D(1), D(2), \ldots$は、$1, \delta, \delta^2, \ldots$となります。もし$\delta$＝０・９であれば、「今日」の価値は1、「明日」の価値は今日時点で測ると０・９、「明後日」のそれは$0.9 \times 0.9 = 0.81, \ldots$となります。

次に割引因子（discount factor）は、1期先の効用単位を割り引くためのウェートと位置付けられます。標準的なモデルの場合では、割引因子は$\delta (0<\delta<1)$であり、これは指数的割引因子（exponential discount factor）と呼ばれ、どの期であっても割引因子が一定であることに特徴があります。δ＝０・９の場合、割引因子は文字通り０・９です。

さらに割引関数は通常、時間軸が離れるにつれ（つまり、遠い先の将来のことになるにつれ）、単調に減少していきます。遠い将来の効用単位であるほど、現在の時点で見たウェートは小さくなるということです。このような割引関数の減少の速度、つまり低下率を、割引率（discount rate）といいます。指数的割引因子モデルで割引率を計算してみましょう。これは、当期の割引価値から当期より1期後の割引価値を引いたものを、当期の割引価値で除したものになります（６－１式）。

つまり、この割引関数は常に（1－δ）の率で減少していきます[2]。

ここまでの知識を使って、指数的割引因子を持つ消費者にとっての最適な消費計画を復習してみましょう。第1章と同様に各期 t の効用は各期の消費 c_t にのみ依存するという仮定を置き、割引因子をδ、粗利子率を $R＝1＋r$ とすると、隣接する2期間の消費の関係式（オイラー条件）は6－2式のように変形されます。

この条件式の左辺は、第 t 期における消費の限界効用を表しています。また右辺の意味は次の通りです。第 t 期に消費を控えて貯蓄をすることにより、利子分が加わるために消費の限界効用は $Ru'(C_{t+1})$ となります。これを第 t 期の価値で見るためには割引因子δを掛けなければなりません。

指数的割引モデルの最大の特徴は、このオイラー条件がすべての t について成立するということでした。これは、人々の選好が時間整合的であることを指すにほかなりません。

選好が時間整合的であるということは、自分が過去の時点において、将来にわたる効用を最大化するよう計画した行動を実際に実行に移すことを意味します。いい換えれば、ある第 $t＋s$ 期（$s＞0$）時点の自分が、将来にわたる効用を最大化するよう決定する消費計画は、過去の第 t 期の自分自身にとっての生涯効用をも最大化するはずということになります。

このような時間整合性の仮定（つまり指数的割引モデル）はなぜ必要なのでしょうか。1

つには、時間整合性は、現在の自分と将来の自分が、自分自身の効用最大化のやり方について互いに同意することを意味するという点で、望ましい経済主体の姿にふさわしい性質と考えられることです。もう1つの理由は、将来時点に自分の意思が変化するか否かを気にせずに、現時点において将来にわたる効用最大化の計算が可能であるという点で、分析が容易になるということがあります。

単純な割引モデルとしての時間整合性の仮定は現実的ではない

しかし、先に述べたように、セイラーらによる実験結果や我々の日常生活における経験則は、人々が必ずしも時間整合的な選好を持っているわけではないという可能性を示唆しています。繰り返しになりますが、実験結果は、人々にとっては「今日 vs. 明日」といった短期の割引率が「1年後 vs. 1年と1日後」といった長期の割引率よりも大きいということ――いい換えれば、人々は長期的には忍耐強いが、短期的には近視眼的であるという時間非整合的な選好を持っていること――を示しています。

これはつまり、現在の自分と将来の自分（あるいは過去の自分と現在の自分）の間に意見の食い違いが生じ、初期の自分がよかれと思って計画したことを、後期の自分が「その場の快楽」を得たいがために覆してしまうという問題（これを自己制御〈self control〉の問題といいます）が発生していることを意味します。後に述べるように、時間非整合性は、人々に

$$D(\tau)=(1+\alpha\tau)^{-\frac{\gamma}{\alpha}} \qquad (6-3)$$

$$割引率=-\frac{dD(\tau)/d\tau}{D(\tau)}=\frac{\gamma}{1+\alpha\tau} \qquad (6-4)$$

見られる「先送り行動」や「中毒症状」「怠慢」などの性質を説明する1つの分析ツールとして用いられます。

このような時間非整合的な選好を表すための割引関数モデルのうち、心理学の世界で提唱され、最近になって経済学においても応用されているのが、双曲的割引モデル（hyperbolic discounting model）と呼ばれるものです。次に、その具体的な姿を見ていきましょう。

3　双曲的割引モデル――常に近い将来を大きく割り引く行動

心理学の世界で人間の時間選好のあり方として双曲的割引モデルを提案しているのは、エインズリーやローウェンスティンら（Ainslie 1992, Lowenstein and Prelec 1992）です。

これらの文献では、既に述べたような「人々が短期的には高く、長期的には低い割引率を持つ」という行動パターンを数学的にモデル化するために、例えば6－3式のような割引関数が用いられています。

ここでα、γは正の定数、τは対象となる期が意思決定時点からどのくら

図表6-2　様々な割引関数

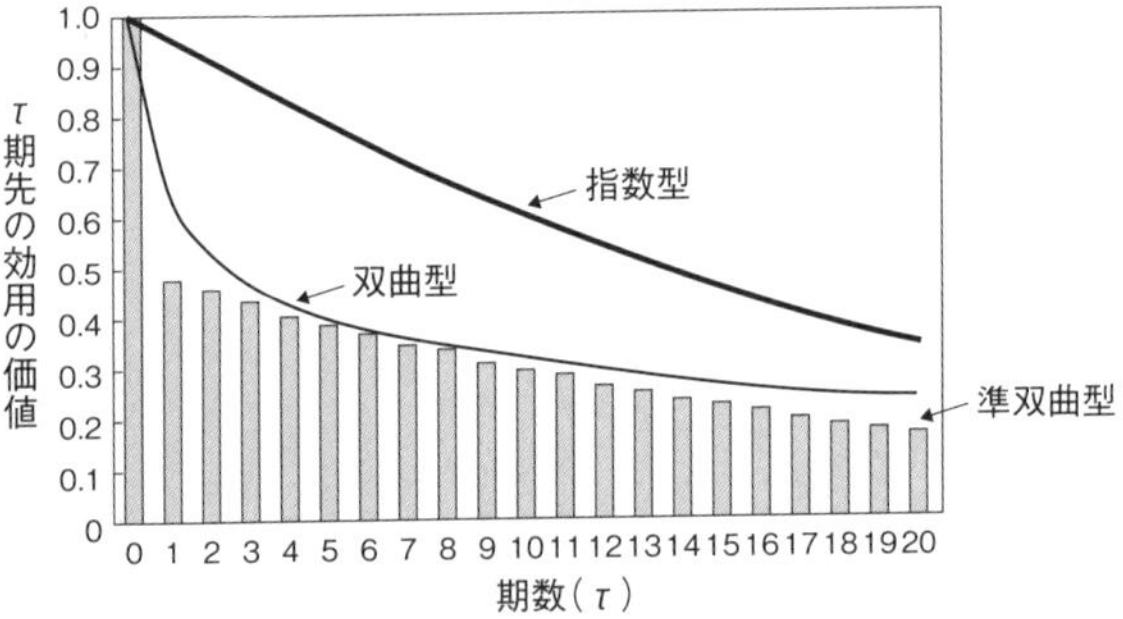

い離れているかを示す時間軸を表します。この割引関数の変化率（減少率）を求めると、6－4式のような形で割引率が得られます。

この式より、τが大きくなるほど、つまり時間軸が離れるほど、割引率が小さくなることがわかるでしょう（なお、無限大先の期の割引率はゼロです）。ここで、指数的割引関数と双曲的割引関数を、時間軸を横軸にとったグラフにプロットしたものが図表6－2です（計算の便宜上、レイブソン〈Laibson 2001〉の計算例に倣い、$\alpha=3$、$\gamma=1$と置いています）。

これを見ると、指数的割引関数は時間軸に関係なく単調な率で逓減していきます。一方、双曲的割引関数は、意思決定時点に近い初期において大きく減少しますが、時期を追うにつれて減少率が小さくなっていくことがわかります。双曲的割引関数という名称は、図表6－2の関数の形状からつけられたものであることが確認できます。

準双曲的割引モデル――経済学に頻繁に応用される簡易モデル

今見たような双曲的割引関数は、基本的には、連続的な時間軸の下での時間選好をモデル化するのに用いられます。これに対して、より分析が簡単かつ含意がわかりやすい離散的な時間軸の下での時間選好を表すモデルとして、フェルプスとポラック（Phelps and Pollack 1968）やレイブソン（Laibson 1997）が提唱したのが、「準双曲的割引関数」（quasi-hyperbolic discounting function）と呼ばれるモデルです。準双曲的割引関数は上の式のように表されます。

もし $\tau=0$（意思決定時点）ならば	$D(\tau)=1$
もし $\tau>0$ ならば	$D(\tau)=\beta\delta^{\tau}$

ここで β と δ はゼロより大きく、1より小さい定数を表します。β と δ の意味を考えてみましょう。意思決定時点においては、次の期（$\tau=1$）の効用には $D(1)=\beta\delta^{1}=\beta\delta$ というウェートが、それ以降の期（$\tau=2, 3,\cdots$）の効用には $\beta\delta^{2}, \beta\delta^{3},\cdots$ というウェートがそれぞれ掛けられることになります。

ここで、$\tau>0$ における隣接する2つの期の割引因子はすべて δ になり、β が消えることに注意してください。つまり、β は意思決定時点（$\tau=0$）において直近の期（$\tau=1$）の効用を「余分に割り引く」パラメータということになります。

$$-\frac{dD/d_t}{D} = -\frac{D(t)-D(t-1)}{D(t-1)} = \begin{cases} 1-\beta\delta & (t=1) \\ 1-\delta & (t>1) \end{cases} \qquad (6-5)$$

一方、意思決定時点の自分にとって、将来の期（例えば$\tau=10$）とその次の期（$\tau=11$）の間の割引因子は常にδで一定となり、指数的割引モデルに近い姿になります。非常に簡単化されたモデルにおいては、$\beta=0.5$, $\delta \fallingdotseq 1$という仮定が置かれます。この場合、初期（$\tau=0$）の自己にとって各期の効用の割引ウェートは、{1, 0.5, 0.5, 0.5,…}と表されます。

これは、①現時点と比較すれば、すべての将来時点の効用は現在の2分の1程度の価値である、②将来時点の割引のほとんどは現時点（$\tau=0$）と直近の次期（$\tau=1$）の間で発生する、③現時点と直近の次期以外の隣接する2期間においてさらなる割引はほとんどない、といったことを示しています。

こうした結果は、準双曲的割引関数モデルが、短期における高い割引（忍耐の弱さ）と長期における低い割引（忍耐強さ）という一般的な実証結果とも整合することを表しています。図表6－2には、棒グラフの形で準双曲的割引関数をプロットしましたが、純粋な双曲的割引関数と同様に、初期における関数の下落幅が大きく、後期における下落幅が小さいことが見て取れるでしょう。

なお、図表では$\beta=0.5$, $\delta=0.95$を用いています。これを用いて準双曲的割引関数の下落率（割引率）を求めてみましょう。離散的な時間軸の下で割引率を求める式は、６－５式と表され、割引率は、$t=1$の場合には$1-\beta\delta=0.525$、それ以降は$1-\delta=0.05$となることがわかります。

短期の割引率が長期の割引率より大きい、つまり$1-\beta\delta>1-\delta$という関係は、この数値例に限らず常に成り立つことに注意してください。

4　双曲的割引関数を持つ意思決定者のパターン——洗練された者VS.単純な者

コミットメントが可能な人の場合

双曲的割引関数と一言でいっても、こうした性質を持つ意思決定者には、いくつかの類型があります。１つの分類基準は、一度決定した将来の消費計画などの行動パターンを忠実に守るという意味でのコミットメントを持つか否かです。コミットメントの意味については、単なる個人的な誓いや決意といったものだけではなく、法律や制度的に縛られたものも含むと考えてください。本章の冒頭に触れたＮさんの例では、（現実にはありえませんが）歯科医院に行かないと会社をクビになるというような決まり事はコミットメントを形成しえます。

こうしたコミットメントを持つ場合には、$\tau=0$にあらかじめ決めた計画に沿った行動が$\tau=1,2,\ldots$において確実に実施されることになります。伝統的な指数的割引関数を持つ者の行動との違いは、第1期以降が第0期に比べてβの分だけ余分に割り引かれている点のみです。

コミットメントが不可能な人⑴――洗練された人

次にコミットメントが不可能な場合ですが、この場合には、意思決定者がどの程度「戦略的か」によって、その行動パターンは変わってきます。極端な2つの類型を紹介しましょう。

第一は、非常に戦略的なパターンで、「ソフィスティケート」（洗練）された意思決定者（sophisticate）です。この種の人は、将来の自分が行動を起こす段階で、割引ウェートが、$\{1, \beta\delta, \beta\delta^2, \dots\}$となってしまっているために、最初の計画に沿った行動をとらないであろうということを、意思決定する時点（$\tau=0$）であらかじめ理解しています。このため、ソフィスティケートされた人は、将来の自分が元々の計画から逸脱することを織り込んで、将来の行動に関する意思決定を行います。

ゲーム理論の文脈でいえば、「現在の自分」と「将来の自分」が別々のプレーヤーであり、「現在の自分」が「計画」を立てるという意味で先に行動を起こし、「将来の自分」が計画通り実行するかを決めるという逐次手番のゲームを行っているということができます。現在の自分は、将来の自分がその時点で最も都合のよい行動をとることを見越して行動するわけです[3]。

学生と目覚まし時計の例でいえば、「試験前日の自分」は「当日早朝の自分」が時計通りに起きないであろうことを知っているので、もしかしたら深夜までかかってでも勉強をするという戦略を選択するかもしれないというわけです。

コミットメントが不可能な人(2)——単純な人

コミットメントが不可能なもう一方のタイプの人間は、将来の予測力に欠ける「単純」（ナイーブ）な意思決定者（naivete）です。ナイーブな人は、意思決定の時点（$\tau=0$）で、将来の自分が元々の計画通りの行動をとると「誤って」信じることに特徴があります。しかし、実際に将来時点がやってきた際には、「その時点の自分」は$\{1, \beta\delta, \beta\delta^2, \dots\}$という割引ウェートを持つわけですから、計画通りの行動ではなく、その時点での自分に都合のいい意思決定を行ってしまいます。

再び学生と試験の例を持ち出せば、「試験前日の学生」は「明朝の学生」が目覚まし時計通りに起きて（二度寝をしないで）勉強に取り組むと信じてその晩は寝てしまいますが、当日の朝には睡魔に勝つことができずベッドにもぐりこんでしまうということになります。

なお、洗練された人と単純な人間という類型は極端な2つのパターンですが、オドノヒューら（O'Donoghue and Rabin 1999）は、将来の自分が正確に当初の計画通りに行動するとは信じていないが全く当初の意図を反故にするわけではなく、ある程度計画に沿った行動をとると信じるという「部分的に単純な意思決定者」（partial naivete）という中間的な類型を提唱しています。この提言の意義については、後に触れたいと思います。

3つのパターンにおける行動の違い——宿題の例

それでは、コミットメントがなくソフィスティケートされた意思決定者の場合、ナイーブな意思決定者の場合で、具体的にどのように人間の行動が変わってくるのかを、具体的な例を用いて見てみましょう。

ここでは宿題を抱えている学生を想定し、提出期限までに$t=0, 1, 2$の3期間（3日間）あると仮定します。学生は3日間のうち、ある一日を使って宿題をすると考えます。各期に宿題をすることに伴う（割引前の）コストは、$t=0, 1, 2$でそれぞれ1, 1.5, 2.5とします。また学生は準双曲的割引関数{1, 0.5, 0.5}を持つとします。

学生は宿題に伴うコストを最小化するよう、「いつ」宿題を行うかを決定します。まず何らかのコミットメント手段がある場合には、$t=0$時点において各期の割引後の宿題コストは、$t=0, 1, 2$のそれぞれで、1, 0.5×1.5＝0.75, 0.5×2.5＝1.25となるので、最もコストの低い$t=1$が宿題実行の日として選択され、実行されます。

次に、コミットメントが不可能で、かつ、学生が洗練された人間である場合には、$t=0$時点の彼にとっては、先と同様に$t=1$が最適な日です。しかし、$t=1$になった時点では、その学生にとっての宿題（割引ベース）コストは$t=1$で$1\times1.5=1.5$、$t=2$で$0.5\times2.5=1.25$となるので、$t=2$が宿題実行の望ましい日になります。

ソフィスティケートされた学生は、$t=0$の時点で、$t=1$の自分がもしそれまでに宿題を終えていなければ、その実行を$t=2$に先送りすることを正確に予測しているので、$t=0$の彼にとっての選択肢は、実質的に①$t=0$に直ちに宿題をする場合（割引コスト$=1$）と、②$t=2$まで宿題をしない場合（割引コスト$=0.5\times2.5=1.25$）の2つに絞られます。結果として、$t=0$の時点で直ちに宿題にとりかかる方が最適な選択になります。

最後に、コミットメント手段を持たない単純な学生の場合を考えます。この学生は$t=0$において割引コストを比較し、「$t=1$に宿題をする」と計画して、これを信じるでしょう。しかし$t=1$の時点では、先に見たように宿題を$t=2$に先延ばしした方がコストが低くなるので、当初の計画を覆すことになります。

結果をまとめると、洗練（ソフィスティケート）された学生は、後の自分が自己制御できないことを知っているので、コミットメントがある場合よりも早く宿題を行います。一方、単純（ナイーブ）な学生は$t=1$の時点で先送りの誘因があるので、コミットメントがある場合よりも遅く宿題にとりかかるということになります。[4]

ここで、どの行動が最適あるいは合理的なのかについては、議論が分かれます。あくまで、

$t=0$時点においては$t=1$に宿題を行うのが最もコストが低いので、最適な選択に見えます。一方、ソフィスティケートされた意思決定者にとっては、将来の自分の行動も視野に入れた選択である$t=0$が最適であるようにも見えます。さらに、ナイーブな学生にとっては、$t=0$時点では$t=1$が最適ですが、$t=1$時点では$t=2$が最適になるかもしれません。

このように時間を通じたモデルにおいて双曲的割引関数を想定した場合には、何が最適な行動かという問題には様々な答えがありえますので、時間非整合的な選好を持っているからといって、直ちにその人が「非合理的である」と結論づけることはできないことに気をつけるべきでしょう。

時間非整合的モデルの理論的な欠点

以上、説明が少々長くなりましたが、双曲的割引モデルの理論的説明のまとめとして、ナイーブな意思決定者とソフィスティケートされた意思決定者をそれぞれ想定することに伴う問題点について記しておきます。前の例とは異なり、$t=0,1,2$ではなく、より長期の場合を想定します。

まず、意思決定者が単純（ナイーブ）な場合には、コストや割引ウェートといったパラメータの設定によって、常に先送りをするという行動が導かれる可能性があります。この場合、宿題などのコストを伴う仕事は、極端ないい方をすれば、「死ぬまで」実行されないことになります。このように、単純な人に全く学習効果がないと仮定するのはやや問題です。

一方、洗練（ソフィスティケート）された人の場合には、複雑な計算を何度も何度も繰り返した上で$t=0$時点の行動を決定するという意味で、計算高い、極めて戦略的な人を想定することになってしまいます。第2章や第3章で述べたように、極端な合理性に疑問を投げかける立場からすれば、これは現実的な妥当性という観点から問題なしとはいえないでしょう。先に紹介したオドノヒューらの「部分的にナイーブな意思決定者」のモデルは、こうした極端の中庸をとるという意味で、より望ましいモデルといえるかもしれません。

5　双曲的割引モデルを使った応用例

本節では、より具体的に、双曲的割引関数を持つ意思決定者を仮定した経済学への応用例について、簡単に紹介します。

①アメリカ人は借金がお好き？

双曲的割引関数モデルが応用される経済分野として最もポピュラーなものの1つが、現実の消費や貯蓄行動、あるいは資産・負債選択行動を説明するためのシミュレーション分析です。こうした研究は、アメリカにおいて、レイブソンとその共同研究者たちによって特に精力的に進められています。アメリカの消費者の消費行動や資産選択は、伝統的な新古典派モデルである指数的割引モデルでは説明できないパズルが多いとされています。それらは主に以下のようなものです。

①資産の内訳のうち、住宅や土地、企業・個人年金、自動車などの非流動資産のシェアが高く、消費を平準化するという観点でより便利な預金などの流動資産のシェアが低いこと（総資産に占める流動資産のシェアは平均8％程度）
②借入金利の高さにもかかわらずクレジットカード負債が多いこと（人口の7割がクレジットカード借入を行い、その規模は1人当たり5000ドル）
③新古典派理論では見られないはずの消費と所得の相関が見られること（相関係数が0・25程度）
④ライフサイクルで見ると消費は平準化されているはずなのに、退職後の消費がそれ以前よりも急落すること（退職後の消費水準はそれ以前から12％下落）

レイブソンやアングレトスら（Angeletos *et al.* 2001）のシミュレーション研究は、人口動態統計や所得・消費・労働などに関するクロスセクション統計などの情報を用いて、労働所得、退職時期、寿命、扶養家族数などに関してモデル的な代表的消費者のライフサイクルを作り出し、一定の効用関数の下で、この代表的個人が一生にわたってどのような消費、貯蓄、資産選択を行うかを計算し、これを現実の消費者の行動と比較するというものです。

シミュレーションの中では、代表的個人の時間選好として、①指数的割引関数と②準双曲的割引関数の２つを想定し、どちらのモデルに基づくシミュレーション結果が、現実の消費者行動に近いかを比較しています。なお以下では、準双曲的割引関数を持つ消費者が洗練された消費者である場合と指数的割引関数を持つ消費者である場合との比較に焦点を当てます⑸。

主な結果は次の通りです。①まず、準双曲的割引関数を持つ消費者を想定した場合の方が、指数的割引モデルの場合よりも、消費者の蓄積する流動性資産の水準やシェアが低いことがわかっています。これは、ソフィスティケートされた消費者は、将来の自分が蓄積された資産を「現在の消費」に費やしてしまうという誘惑を持つことになるとわかっているため、あらかじめ現金化（流動化）しにくい住宅などの非流動資産への投資を相対的に好むことによるものです。

②この結果として、双曲的時間選好の消費者の所得と消費の相関性は相対的に高まります。双曲的割引関数を持つ消費者は、より多くの非流動資産を保有しているために、時間を通じた消費の平準化ができないことが背景にあります。関連する現象として、双曲的時間選好の

図表6-3　レイブソンらの研究結果

	指数的割引関数	双曲的割引関数	実際
総資産に占める流動性資産のシェア	0.50	0.39	0.08
クレジットカード負債を抱える消費者の割合	19%	51%	70%
クレジット借入額	900ドル	3408ドル	5000ドル
消費と所得の相関性	0.03	0.17	0.23
退職時の消費下落率	2%	12%	14%

消費者は、退職時に消費水準がより大きく下落することになります。

③また、双曲的割引関数を持つ消費者の方が、相対的に多くの負債を持つことが発見されています。これは、指数的割引関数を持つ消費者に比べて「現在の消費」を重視する性向が強いためです。これと①のポイントを合わせて考えると、双曲的割引因子を持つアメリカの消費者には、一方で「その場の快楽」に従いクレジットカードなどによる借入を消費の原資とするが、他方で年金資産を含む非流動資産を自己制御の道具として利用し、老後のための備えをするという、一見すると相矛盾する行動が見られることがわかります[6]。

レイブソンらによる指数的割引関数および双曲的割引関数を用いた場合のシミュレーションの概要を、図表6-3にまとめておきます。双曲的割引関数を想定した場合の方が、全般的に現実の消費者の行動に近いことが見て取れるでしょう。

しかしながら、流動資産の総資産に占めるシェアや借入額などについては、現実の数字と双曲的割引関数を仮定した場合の試算では依然として乖離が見られることも事実です。この点は、引き続きパズルとして解明が進められることが期待されます。

②タバコ・麻薬中毒は合理的か否か？

双曲的割引モデルの応用分野として興味深いものの1つに、一部の消費財に対する中毒性という現象が考えられます。中毒性を持つと考えられる消費財の代表的なものは、お酒やタバコ、麻薬といった財です。中毒性のある財は、①消費している時点では効用を高めるが、②アルコールなどの蓄積により長期的には人々の厚生にマイナスである、という二律背反の特徴を持っているといえます。ここで、双曲的割引モデルに代表される時間非整合的な消費者がなぜ中毒性を示すかについては、双曲的割引関数を持つ消費者が常に「その場の快楽」に身を委ねる傾向があることを思い出せば理解が容易でしょう[7]。

つまり、将来の効用まで視野に入れれば、タバコや麻薬をやめる方が厚生上好ましいにもかかわらず、消費者は常に近い将来を大きく割り引くので、タバコなどをやめるという計画を「先送り」する可能性があるというわけです。この結論は、消費者を洗練されている者と仮定しようと単純な者と仮定しようと、大きくは変わりません。

しかし、合理的経済モデルを重んじる経済学者には、麻薬などの中毒的な消費行動も、消費者の「合理的」な選好から導かれる性質であるという理論を提唱するグループもあります。これは「合理的中毒性」(rational addiction) と呼ばれる理論で、ノーベル経済学賞受賞者のベッカー教授らによって唱えられています。

ここでいう合理的とは、選好が時間を通じて安定している、つまり双曲的割引関数ではなく、標準的な指数的割引関数に基づく時間整合的な選好を意味しています。詳細なロジックについてはベッカーとマーフィー(Becker and Murphy 1988) を参照すべきですが、極めて簡単にいうと、消費者は先に述べたタバコなどの中毒財が持つトレードオフ関係を正しく認識した上で、これを消費することの便益が費用を上回ると判断して、あえてアルコールなどの財を摂取しているということです。背景には、過去に中毒財を摂取しているほど、さらに中毒財を消費することによる効用が高まるという要因があります(8)。

中毒現象が合理的なものかそうでないのかは、中毒性を持つ消費財に対する政策のあり方について全く異なるインプリケーションをもたらします。例えば、タバコに対する課税を考えてみましょう。ベッカーらの合理的中毒モデルにおいては、タバコへの課税は価格の上昇によってタバコの消費を減少させますが、これは同時に消費者の効用を低下させます。

一方、時間非整合的な選好を持つ消費者に対しては、タバコ税は一種のコミットメント手段を与えることになります。つまり、消費者は自己制御に問題を持っているため、タバコを

「やめたくてもやめられない」状態にあるわけですが、タバコ税は価格の上昇を通じてタバコの消費を減少させると同時に、「タバコをやめる」というコミットメントを助けることで、結果として消費者の厚生を高めることができるというわけです。

こうなると、現実に中毒症状のある消費者が「合理的」であるのか、「時間非整合的」であるのかを識別することが重要になってきます。しかし、実在するデータから個人の時間選好の形態を推測することは至難の業でもあります。そこでグルーバーら（Gruber and Mullainathan 2002）は、消費者の満足度に関するアンケート調査をもとに、アメリカにおいてタバコ税が増税されたときに、消費者の満足度が向上したか否かを観察しました。

驚くことに、研究の結果として、タバコの増税に伴って消費者の満足度が向上したということが発見されています。主観的な満足度を用いることにどの程度の信頼が置けるかについては、経済学の世界でも長らく激しい議論が行われていますが、この研究は、中毒的消費の原因が合理性ではなく、選好の時間非整合性にあることを示す１つの有力な材料といえるでしょう。

③４０１(k)は不十分か？

アメリカなどにおける４０１（k）を通じた貯蓄行動の分析にも、双曲的割引モデルが応用されます。４０１（k）とは、アメリカでポピュラーな確定拠出型企業年金のことです。

アメリカの401（k）プランにおいては、プランを提供する企業の従業員が拠出を行い、従業員自身が運用対象の資産を指定し、退職後に備えた年金資産を積み立てます。

税制上の優遇策に加えてアメリカの401（k）プランを魅力的にしている制度が、雇用主による「マッチング」（matching）と呼ばれる上乗せ拠出です。具体的には、多くの企業が従業員の拠出額の100％ないし50％のマッチングを行っています。マッチングは、従業員の積み立て原資をその分だけ拡大するものなので、従業員による純粋な拠出分からの収益率は高まります。

このような貯蓄優遇の企業年金は、歴史的に低水準といわれるアメリカの貯蓄率の向上に貢献するものと期待されました。しかし、401（k）拠出者数は制度創設の1981年以降急速に成長しているものの、個々人の貯蓄水準（あるいは貯蓄率）は不十分なものにとどまっています。

401（k）への貯蓄率が低調であるというパズルを説明するために、行動経済学はいくつかの仮説を提示しています。1つは、第2章で述べたように、人々は問題認識や問題解決といった能力、つまり合理性に限界があるというポイントです。前章でも見たように、人々が特に投資家として「限定合理的」であるということを示す事例は、数多く見られます。例えば、401（k）プラン参加者のうち7割以上の人が、貯蓄率を決める際に「10％」などという、注意深い計算を経たものとは思えない選択をしています。この点は、時間を通じた意思決定という複雑な思考過程に直面した人々がルール・オブ・サムを適用するという第2章のモデルから解釈できます。

また、第5章で紹介したように、株と債券をどの程度投資先に含めるかというポートフォリオ選択に際して、人々の選択が利用可能な投資ファンドのメニューに左右されるという現象も、貯蓄者の限定合理性をうかがわせます。

さらには、極端な例ですが、多くの参加者が短期金融市場（マネーマーケット）とは何か、あるいは債券価格と金利の負の相関関係を理解していないというエピソードもあります。金融商品に関する知識が著しく欠けていれば、人々は最適な貯蓄水準を選択できないであろうという意味で、限定合理性は４０１（ｋ）における過小貯蓄率を説明できるかもしれません。(9)

一方、第3章で触れた人々の自信過剰の性質を低調な貯蓄率の原因とする考え方もあります。そこでも述べたように、人々は一般的に自分が他の平均的な人よりも優れた（この場合、貯蓄の）能力を有していると考えがちです。しかし、人々の信念の多くは現実的ではないものを含んでいます。

例えば、株式のリターンが今後10年間20％程度で推移するとか、自分の老後の生活レベルが勤労時代とは変わらないと予測するというのは、こうした自信過剰の表れでしょう。このような自信過剰に囚われている人たちは、自分の能力や周りの環境を楽観視して、十分な貯蓄を行わないかもしれません。

以上のような説明はそれぞれ説得力がありますが、特に限定合理性については、その状況次第で説明のアプローチがアドホックになるという欠点もあります。それに対して、本章のテーマである時間選好の非整合性と自己制御の問題は、人々の401（k）貯蓄を説明する最も有力なモデルとされています[10]。

アメリカで401（k）などへの貯蓄が低水準である背景に自己制御の難しさがあるという点は、様々なアンケート調査から推察されています。例えば、

①大半の人々が退職に備えた貯蓄をするべきであると考えつつも、そのうちごく一部の人々しか積極的な貯蓄をしていない

②多くの人が、退職後のための401（k）の年金資産を現役時の消費のために使わないような制度的な制約が必要であると認識しているが、早期取り崩しに金銭的なペナルティーがかかるにもかかわらず、基金を取り崩して消費に回してしまう

③アメリカのベビーブーム世代の多くは所得の15％を貯蓄率の目標としているが、彼らの実際の平均貯蓄率は5％程度である

といった事例は、これまでに述べた時間非整合性の特徴を如実に表しています。

さらに、老後のために貯蓄をすることに対するコミットメントの有無が、実際の貯蓄の水準に大きな影響を与えるという点についても研究が進んでいます。例えばバナーツィとセイラー（Benartzi and Thaler 2001）は、次のような実験を行いました。ある企業の従業員を2つのグループに分け、貯蓄性向が元々高いグループAには貯蓄率を上げるよう要請だけを行い、もう一方の貯蓄性向が元々弱いグループBには、昇給のたびに貯蓄率を3ポイント強制的に上げるというプラン（SmarTプラン）[11]を提示し、これに加入するかどうかを尋ねます。

この結果として、グループAの貯蓄率は実験前の4・4％から3年間で8・7％に上昇したのに対し、SmarTプラン加入者（グループBの大半）の貯蓄率は、実に実験前の3・5％から11・6％に急上昇しました。この結果は、コミットメントさえ可能であれば人々はよかれと思うことを実行するという双曲的割引モデルの含意を、ものの見事に表しているといえるでしょう。[12]

④その他の応用例

ここで挙げた事例以外にも、時間非整合的な選好モデルの応用例は経済学の分野に数多く存在します。例えば、バロー（Barro 1999）は、レイブソンの双曲的割引モデルを、無限の期間を生きる代表的消費者の効用関数に仮定し、経済成長に対して制度的な貯蓄増進策がいかに有効かを説いています。

またダイアモンドら（Diamond and Koszegi 2001）は、欧米の公的年金制度に見られるように、年金加入者は法定退職年齢以前に早期退職して年金を受給できるというオプションが存在する場合に、人々がどのような貯蓄水準や退職時期の決定を行うかについて理論的な研究を進めています。

また、かつてのイタリアや日本に見られたように、長期政権の下で、財政収支の改善という長期的な目標を立てつつも、たびたびこれを延期して、財政支出という「痛み」を和らげる政策に走るというような政策運営のあり方は、長期政権＝1人の意思決定者、時々の政権＝各期の自分という文脈に置き換えれば、双曲的割引モデルにおける「先延ばし」の理論によって説明できるかもしれません。

6　時間を通じた選好に関するその他のモデル——限定合理性、習慣形成、本能

以上では、消費と貯蓄など時間を通じた行動を心理学的な観点から説明するモデルとして、双曲的割引関数をベースとする時間非整合性を議論してきました。これまでも少しずつ触れてきましたが、時間を通じた行動に対する理論的アプローチにはこの他にもいくつかの有力な説が存在します。ここでは、簡単にそれらのアプローチを概観することで、本章の締め括

りとしたいと思います。

合理性に限界があるから将来のことを考えるのが難しい

第一は、前節でも述べた限定合理性の考え方です。限定合理性は人間行動のあらゆる側面において存在すると思われますが、特に時間を通じた消費や貯蓄などの意思決定については、長い人生の中で様々な不確実性が存在することから、特に複雑な思考プロセスを要求されます。結果として、人間の合理性にある程度の限界が生じることは当然といえるでしょう。具体的な症状としては、投資アドバイザーらによる「可処分所得の20%を貯蓄に回しなさい」というアドバイスに考えなしに従う行動などのルール・オブ・サムが考えられます。

人が行動を決める際にはこれまでの習慣が重要

第二に、中毒的消費における「合理性」のところでも触れましたが、過去の行動（消費額の決定など）が将来の行動決定に影響を与えるという可能性があります。例えば、デューゼンベリーの習慣形成仮説は、過去の消費により達成された生活水準は、その後の消費決定に影響を与え、たとえ可処分所得が多少下がっても消費をさほど減らさない（ラチェット効果）ということを主張している点で、この考え方と整合的なものです。最近では、過去の消費水準を明示的に効用関数に含めることで、最適な年金制度の分析を試みる研究例も出てきています。[13]

習慣形成については、いくつかの実験において存在が確認されています。例えば、ローウェンステインら（Loewenstein and Prelec 1992）は、フランス料理とギリシャ料理に対する人々の好みを題材に習慣形成仮説を確かめました。

最初の実験では、被験者のうち8割がフランス料理を好み、そのうちの8割の人が、2ヵ月後にフランス料理を食べに行くよりも、1ヵ月後にフランス料理を食べることを選びました。これは「将来より現在を好む」という一般的な経済原理と整合的な結果です。

ところが、次の実験では、①1ヵ月後にフレンチを食べ、2ヵ月後にギリシャ料理を食べるというオプションを40％程度の人が好んだのに対して、過半数である60％程度の人は、②1ヵ月後にギリシャ料理を食べ、2ヵ月後にフレンチを食すという選択肢を選びました。

この結果は、無視できない割合の人々が、本来望ましい選択肢（フレンチ）を延期してでも、消費の中身（この場合、料理の質）が時間を追って向上していくことを望むという性質を表しています。

見方を変えれば、人々にとって、現在の消費内容は一定の生活水準を形成し、将来の消費内容を決定する際のベンチマークとなっています。こう考えると、人々は以前よりもよい内容を今後の消費に求めるということが理解できます。これは習慣形成仮説と整合的な結果といえるでしょう。

本能に流されることにより行動は移ろいやすくなる

第三に、食欲や性欲といった本能的な感情が、時間を通じた人々の行動に大きなインパクトを与えるという説もあります。こうした考え方はローウェンステインらによって「本能効果」（visceral effect）として提唱されているものです。具体的には、人々は先々の状況においてどのような形で自分の本能的な感情が顕在化してくるかをあらかじめ予測することができないため、事前に計画した行動と実行する行動とにズレが生まれるというアイデアです。

本能効果とは、簡単な例でいえば、「レストランで食事をしても、ダイエットのためにデザートは決して食べないと計画していたにもかかわらず、いざケーキを目にすると、食欲が自然に湧いてきて、結局はケーキを食べてしまう」というようなことです。この考え方は、本章で取り上げた双曲的割引関数による時間非整合性の概念をより一般化したものであるということができます。

時間を追って「効用」の捉え方が変化する

最後に、そもそも「効用」という概念は単一のものではなく、この事実こそが時間を通じた行動の一貫性のなさを説明しているという、一風変わった考え方を紹介します。具体的には、カーネマンが１９９６年の論文において提唱した考え方で、経済学者が頻繁に使う「効用」には、それを測ろうとする時点によって異なる複数の概念が存在するというものです。

経済学者が一般に用いる効用は、「決定時の効用」（decision utility）と呼ばれるものです。これは、「効用は、現に人々が行った選択結果と整合的な人々の選好のあり方を示すものである」という考え方です。[14]「人々には効用が先にあって、はじめて選択がある」という意味で、いわば「事前の意味での」効用ということができます。

カーネマンは、人々が実際に選択・行動をした時点で持つ効用を「経験時の効用」（experienced decision）と呼び、決定時の効用と明確に区別しています。経験時の効用は「事後的」な概念で、例えば消費をした時点でどの程度の満足を得るかを示すものであり、哲学者ベンサムが考えた効用の概念に近いものといえます。経験時の効用は、聞き取り調査や顔の表情の観察などで測られます。

ここで重要な点は、決定時の効用と経験時の効用は必ずしも一致するものではないということです。理由の1つとして、人間は自分の選好が時間を通じて変化することを予測できないということがあります。先に見た本能効果と似ていますが、例えば宝くじに当選する前の段階では、当選後の自分の選好が変わる（当選後には大金持ちという生活状況に慣れる）という適用効果を予測できないといったことが、2つの効用概念の不一致の背景にあります。

また、事前と事後の効用が一致しないもう1つの理由として、人間は、ある意思決定を行う時点で、過去に経験した効用について不正確な記憶しか持てないという事情があります。これは第三の効用概念である「記憶時の効用」（remembered utility）に密接に関係してきます。

記憶時の効用は、文字通り、ある経験をした後の段階において人々の記憶に残っている満足の水準を意味します。これがなぜ不正確かというと、①人々の記憶の中では、経験した出来事の時間的な長さが度外視されやすいこと〈これを時間軸の無視〈duration neglect〉といいます〉および、②過去に経験した出来事を評価する際に、そのエピソードにおいて突出した経験（体験のピーク）とエピソードの最終局面で持った経験の2つが大きく物をいうこと（これをピークエンド法則〈peak-end rule〉といいます）が、人々の行動に頻繁に見られるからです。

特にピークエンド法則は、野球の観戦などにおいて、ホームラン・シーンや最終回の攻防などの印象的な場面のみを覚えがちであるということからも、もっともらしい考え方といえるでしょう。カーネマンらは様々な実験検証により、時間軸の無視とピークエンド法則の存在を確認しています[15]。

このように、決定時の効用と経験時の効用の食い違いや、ピークエンド法則などによる記憶時の効用の歪みは、時間を通じた人々の決定や選択を、伝統的な経済理論が予測するところから乖離させるもので、異時点間の行動を説明する有力な議論と考えられます。ただし、効用そのものにバリエーションを設けるという考え方は、消費者行動などを数学的なツールを用いて分析するという点では、その応用性に限界があることにも注意が必要でしょう。

ポイント

・本章では、これまで見てきた限定合理性とは視点を変え、伝統的な経済学が仮定するような「超」自制的な人間、つまり指数的割引関数を持つ経済主体に対して、より現実的な異時点間の行動モデルについて見た。

・特に重要で応用範囲が広いモデルとして、主にレイブソンらによって展開されている「自制的ではない人間」、つまり双曲的割引関数を持つ経済主体を前提としたモデルがある。

・このモデルには、人間をどの程度まで「計算高い」と仮定するかによって含意が異なり、いくつかの理論的な問題を抱えるという欠点もあるが、人々の借金依存体質、タバコ消費の中毒性、あるいは確定拠出型企業年金への積み立て不足といった現象を説明することができるという意味で有力である。

・双曲的割引モデルの他、限定合理性、習慣形成、本能の作用といった要素は、それぞれ人々の異時点間の行動を説明する重要な要素である。

第7章　人間は他人の目を気にするもの

――「目には目を歯には歯を」の経済学

1　「超」利己的な人間像は完璧ではない

第1章では、伝統的な合理性経済学が想定する経済主体としての人間像には、際限のない合理性（第2〜第4章）や完璧な自制心（第6章）に加えて、極端に利己主義的であるという問題があることに触れました。これは、経済学の世界においては、人々の効用関数が自分自身の所得や消費といった変数のみから構成され、他者のそれや自分と他者との所得の相対的な関係などを考慮しないということを意味します（簡単な数式で表せば、例えば $u = u(c)$。cは自分の消費水準を示します）。実際、消費理論やゲーム理論などで用いられる経済モデルの多くは、$u(c)$を効用の測度として用いています。

しかし、こうした完璧に利己的な経済人というモデルでは説明しえない現象が、現実には多くあります。例えば、海外旅行からの帰りの飛行機で多くの人が余った外貨をユニセフに寄付するという行動（あるいはその他の多くの募金や寄付）は、人々が真に利己的であれば起こらないかもしれません。また、日本ではあまり見かけませんが、欧米等のレストランやホテルで人々がウェイターやポーターにチップを渡すことなども、純粋に利己的な人なら見られない行動でしょう。

こうした「利己的でない」行動には、慣習や社会通念といった、経済的な意思決定とは異なる要素が背景にある可能性も否定できません。しかし、逆に人間の行動原理あるいは効用関数に、こうした「超」利己的ではない動機付けが根付いており、これが人々の経済交流の場である市場において、社会慣習や信頼関係を築いているという側面も見逃せません。わかりやすくいえば、何らかの利他的・公平的な考えを持っている人々が集まっているからこそ、寄付や募金が生まれるのかもしれないということです。

実際、多くの行動経済学者や実験経済学者が、様々な架空のゲーム（実験ゲーム）を人々に行わせることにより、人々の経済行動の中に利己的な動機以外の要素が存在するのかを追究してきました。本章ではまず代表的なゲームである公共財ゲーム、最後通牒ゲーム、独裁者ゲームの3つの実験から得られている結果について見ていきます。その上で、これらの実験結果から想像される利己主義以外の人間の動機付けについて考えます。

その中で特に重要と考えられている「相手が自分に好意的な対応をしてくるのであれば、自分も友好的・協力的に振る舞うが、相手が自分に敵対的な行動をとるならば、相手に対し同じような対応をする」という行動原理（相互応報的動機〈reciprocity〉ともいいます）のもたらすインプリケーションを強調します。相互応報的動機とは、わかりやすくいえば「目には目を、歯には歯を」という行動といえます。最後に、労働契約分野など相互応報的な動機モデルの応用分野について紹介します。

2　人が純粋に利己的ではないことを示す3つのゲーム

人は「貢献」に価値を見出す——公共財ゲーム

経済学においては、利己的な消費者を仮定する限り、外交や防衛あるいは公園といった公共財は民間の自発的な行為によっては供給されないとされています[1]。これは、公共財には①一度供給されれば、そのネットワークから特定の個人を除外することができないという「非排除性」と、②誰かがその財を消費しても、他の誰かの消費が減少するわけではないという「非競合性」という性質があるため、各々の受益者が応分の負担をせずにサービスを享受しようとする「ただ乗り」（フリーライド）の誘因を持つからです。

このような結論は理論的には妥当なものですが、現実に生きる人々が公共財の供給にどのような態度を示すかは別の問題です。この点を検証するために、公共財への自発的な寄付行動について多くの実験が行われています[2]。

まず、典型的な公共財ゲームの実験から得られた結果について述べましょう。ここでは4人の参加者がいるとします。また、各参加者が手持ちの資金を4人の共通プールに寄付した場合に、メンバー全員が得ることになるネットの収益率を０・３３とします。つまり、一人が３００円を寄付した場合には、その人を含めて全員が0.33×300＝100円を得るものとします。この場合、グループ全体としては、この個人の３００円の寄付に対し４００円の利得を得ることになります。

このようなゲームのナッシュ均衡あるいは支配戦略は、どのプレーヤーもグループの共通プールに寄付しないということです。このことは、各人にとって自分の寄付の収益率が1以下（０・３３）であることから明らかでしょう。つまり、理論上は参加者全員がフリーライドの誘因を持っているということになります。

しかし、実際にこうしたゲームを単発の実験で試した場合には、各参加者は平均して所得の4割から6割分の寄付（これを便宜上、「寄付率」と呼びます）をすることが発見されています。これは明らかに、「超」利己的な参加者という経済学の標準的な仮定からは得られない結論です。

ただし、同じゲームを複数回（例えば10ラウンド）行うような場合には、1ラウンド目の寄付率は50％程度であっても、最終的な寄付率は10％前後にまで低下してしまうこともわかっています。最終ラウンドの寄付率の数字は確かに低いものですが、それでも寄付率がただ乗り説の予測する「ゼロ」という水準よりも十分高いレベルにあることは、無視できない事実でしょう。

一方、こうした実験結果に対して、純粋な利己的効用関数を標榜する合理主義者は、ラウンドを追って寄付率が低下するのは、参加プレーヤーが、最初はゲームの構造を明確に把握していなかったものの、段々と学習することにより本来とるべき戦略（寄付しない）に収斂していくことを示しているのだと主張するでしょう。

しかし、他の実験においては、①公共財ゲームの経験のある熟練したプレーヤーを参加者として含めた場合でもゲーム開始当初の寄付率は十分に高いこと、また、②10ラウンド繰り返した後にもう一度新たな10ラウンドのゲームを開始する場合にも、最初の数回の寄付率は高いことが知られており、こうした観察は公共財ゲームの参加者の行動原理を利己主義や学習効果だけでは説明できないことを物語っているといえます。

分け前は相応に――最後通牒ゲーム

次に、最後通牒ゲーム（ultimatum game）と呼ばれるゲームの実験結果について触れます[3]。最後通牒ゲームとは、具体的には、以下のようなルールに基づいて行われるゲームを指します。参加者は無作為に抽出された2人とし、一方のプレーヤーは配分者の役割を、もう一方のプレーヤーは受益者の役割をあてがわれます。ゲームにおいては、まず配分者にある金額（例えば1000円）が渡され、配分者はこのうちいくらを自分のものにし、いくらを相手のものにするかを決定します。つまり受益者への配分額を x とすると、配分者は（$1000-x, x$）を決定することになります。

次に受益者は、このオファーを受け入れるか否かを意思決定します。オファーを受け入れた場合には配分者に $1000-x$ 円が、受益者に x 円が支払われます。逆にオファーを蹴った場合には、両者とも配分額はゼロになります。

このように配分者が一方的に決定した配分案をのむか否かを、受益者に決めさせるという意味で、このゲームには「最後通牒」という名称がつけられています。有名な例としては、アイスクリームの配分があります。2人の子供がいて、一方がアイスの分け前を決め、もう一方がそれに応じるか拒否するかを決めます。拒否すれば、アイスが溶けてしまうため、2人の利得はゼロになってしまいます。

図表7-1　簡単化された最後通牒ゲームの均衡

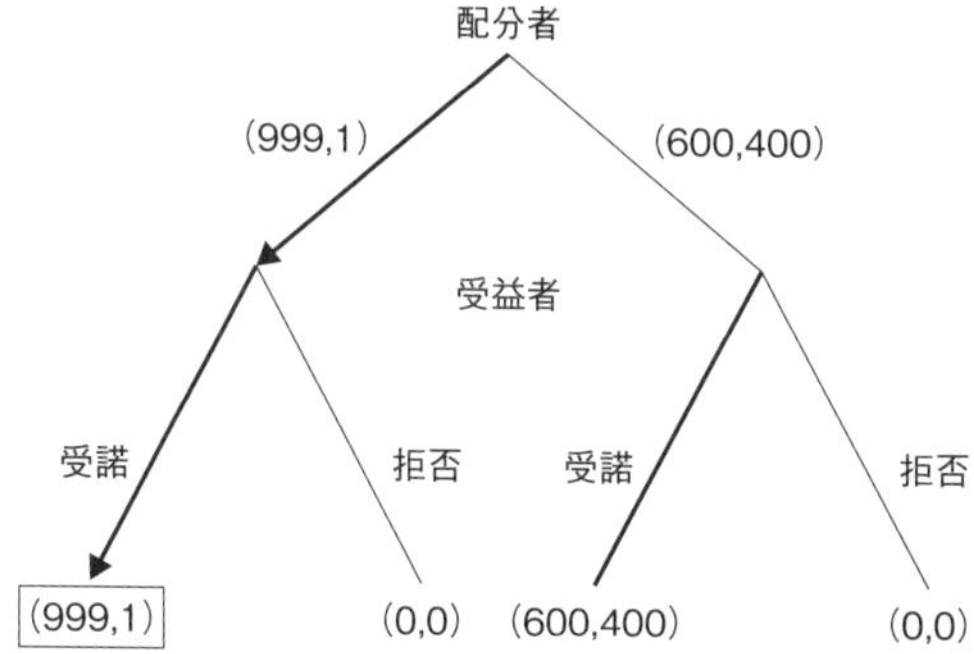

このような代表的な最後通牒ゲームにおいて、伝統的な経済理論はどのような結果、あるいは均衡を予測するでしょうか。金額を1円よりは細かく分割できないとすると、このゲームの均衡（第1章の補論3のことばを使えば「サブゲーム完全均衡」）はただ1つ、配分者が（999, 1）という配分を示し、受益者がこれを受諾するというものです[4]。

この点を簡単に見るために、便宜上配分者に許されている配分案は、配分者に極端に有利な（999, 1）と、より公平な（600, 400）のみであると考えましょう。するとゲームの構図は図表7-1のように描けます。第1章補論3で見た「逆向き推論法」を用いて、まず受益者の行動から見ると、配分者がどちらをオファーしたとしても、受益者はこれを受諾することでプラスの分け前にありつけます。ひるがえって配分者の行動を見ると、いずれのオファーであっても受益者が受諾することがあらかじめ予想できているので、配分者にとっては、より自分の利得が高くなるオファー（999, 1）

を提案することが合理的です。よって、このゲームの均衡結果は〈999, 1〉となります。アイスクリームの例では、配分を決定する子供が、ほんの一口だけを相手に分けるのが均衡結果というわけです。

しかし実際の実験結果は、理論が予測するようにはならないことがわかっています。典型的な結果としては、配分者によるオファーの平均的な姿は、配分者に全体の6割、受益者に4割を配分するというものです（ここでの例の場合は〈600, 400〉）。さらに多くの場合、配分は最も公平な二分割〈500, 500〉になることも発見されています。アイスクリームを1人で食べてしまうよりも、仲良く分け合うことを選ぶということです。

また、受益者にとって、この水準以下のオファーなら拒否するという最低条件（カットオフ水準）は、配分者が受益者に全体のパイの25％を提示するというものだとされています。また、自分の分け前が全体の4分の1以下なら、配分者の提案を拒否するという意味です。複数の実験結果によれば、配分者によって提示されたオファーのうち25％程度が拒否される傾向があります。

以上の結果は、純粋に利己的な効用関数を持つプレーヤーを想定することでは考えにくいものです。公共財ゲームの場合と同様、より説明力のある行動原理が必要となります。(5)

権力者にも慈悲の心がある？――独裁者ゲーム

代表的な実験ゲーム例の最後として、独裁者ゲームを挙げておきます。[6] 独裁者ゲームのルールは、先に見た最後通牒ゲームに似ており、無作為に抽出された2人の参加者が、配分者と受益者の役割を演じます。配分者は、一定の金額（ここでも1000円とします）を自分と相手にどのように配分するかを決めます。つまり、配分者は（1000 − x, x）を決定します。ただし、最後通牒ゲームと異なり受益者には選択の余地はなく、配分者が決定したオファーを受益者は受け入れなければなりません。アイスクリームの例では、一方の子供が決めた分け前に従わなければならないということです。

この場合は、「独裁者ゲーム」と呼んでいますが、正確には一方のプレーヤー、つまり配分者側の意思決定しか問題になりません。伝統的な経済学が想定する利己的合理的な配分者は、この場合、どのようなオファーを行うでしょうか。答えは、ずばり（1000, 0）です。受益者に提案を拒否される可能性がないことがわかっているので、配分者側には1円でも相手に与えるインセンティブがないからです。

しかし、実際の典型的な実験結果は、この予測とは異なり、配分者が全体のパイの2割程度（例の場合は200円程度）を受益者に提供するというものです。この結果も、利己的な配分者を仮定するだけでは想定できない行動パターンといえるでしょう。アイスクリームの例では、もう一方の子供もある程度の分け前には与れるということです。いかに腕白な子でも、相手に一口もあげないということはあまりないということでしょうか。

次節では、これらの実験ゲームの結果から、プレーヤーの行動の背景にあると考えられる動機や心理的要因について見ることにします。

3　利己的？・利他的？・第三の道？――人々の動機付けの数々

「他人のことを思う」「他人のことを思うことに満足を覚える」――2つの利他的動機

まず考えられる要因として、自分だけでなく他者のことを考える利他的動機があります。利他的動機は、経済学の中では、主に世代間再分配の観点から年金や税制、遺産動機などの分析に利用されます。厳密にいうと、利他的動機には、①効用関数の中に自らの効用に加えて他者の効用も含むという純粋な動機（pure altruism）と、②他者の効用が明示的に効用関数に含まれるわけではないが、例えば他者への寄付・贈与といった行動を表す変数（寄付の額など）を効用関数に含めることにより、「正しいことをすることに満足を覚える」という間接的な利他的動機（impure altruism）ないし「与えることの喜び」（ウォーム・グロー：warm glow）の2種類があります。

純粋な利他的動機やウォーム・グローを持つ個人の効用関数は、例えば7－1、7－2式

純粋利他的動機	$U=U(c_1,c_2)=u_1(c_1)+\lambda u_2(c_2)$	(7−1)
ウォーム・グロー動機	$U=U(c_1,g)$	(7−2)

のように表されます。

ここで c_1 と c_2 は本人および他者の消費水準を、$u_1(\ )$, $u_2(\ )$ は本人および他者の効用関数を、また g は他者への寄付や贈与を表します。なお、このように利他的な効用関数については、標準的な経済学が仮定する通常の効用関数のフレームワークの応用として分析することが可能であることから、利他的動機の存在は広い意味で伝統的経済学の「合理性」の概念とは必ずしも相反しません。

それでは、このような利他的動機は、先に紹介した3つのゲームによる実験結果を説明することができるのでしょうか。まず独裁者ゲームの場合には、利他的動機が重要な役割を果たしているように見えます。つまり、100%の決定権限を持つ配分者があたかも他人である受益者の効用をおもんぱかって（あるいはパイの一部を他者に分けるという行為に喜びを感じて）、受益者にプラスの利得を与えているように考えられます。

一方、利他的動機だけでは最後通牒ゲームや公共財ゲームの結果をうまく説明することはできません。最後通牒ゲームの場合、配分者の側から見ると、独裁者ゲームと同様に利他的動機が働いていると考えられなくもないですが、受益者側から見ると、無視できない割合の人々が、自分達にとって不公平に思える配分を拒否して、あえて〈0, 0〉という結果を選択していることから、受益者側が配分者の効用を（少なくともプラスの意味で）考慮しているとは考えられないからです。

公共財ゲームの場合にも、利他的動機が働いているのであれば、なぜ回数を追うごとに寄付率が低下していくのかを説明するのが難しくなります。以上から、現実の人々の行動をより的確に説明するためには、利他的動機とは異なる別の行動原理を考える必要がありそうです。

目には目を歯には歯を――相互応報的動機

冒頭でも簡単に触れたように、相互応報的動機（reciprocity）とは「相手（ないし他者）が自分に対して好意的な行動をとれば、こちらも相手に友好的にあたり、逆に相手が敵対的な行動に出れば、自分も相手に対し攻撃的な行動をとる」という行動原理を指します。

相互応報的動機は、特に最後通牒ゲームにおける行動パターンを説明するのに適しているといわれます(7)。具体的には、相互応報的な動機を持った受益者は、自分にとってあまりに不公平と思われるような配分案（例えば〈999, 1〉など）に対しては、1円という利益を犠牲にしてでも、相手の利得をゼロにすることで不公平なオファーをした配分者を罰すると考えられるからです。

逆に配分者については、あまりに自分に有利な配分案を提示すると受益者に「罰せられる」ことが予想されますから、あらかじめある程度公平なオファー(フィフティー・フィフティーなど）を行っていると解釈できます。

ここでは、相互応報的動機のうち、仕返しという負の側面ばかりが強調されているように見えます。一方、最後通牒ゲームを変形して二段階のゲームとし、第二段階では受益者の分け前が3倍の価値になり、そのうちいくらを配分者に返すかを受益者に決定させるというルールにした場合、第一段階では、先の例と同様、配分者から受益者に正のオファーがあり、第二段階でも受益者からペイバックがあるとの結果が導かれており、よい行動に対しては恩返しをするという正の相互応報行動が観察されています[8]。

また、興味深いことに、単純な一段階の最後通牒ゲームの場合、①配分者が自ら選択して不公平なオファーをした場合と、②配分者がやむなく不公平な配分案を提示しなければいけない場合とでは、受益者の反応が異なるということもわかっています（Camerer and Thaler 1995）。

つまり、①の場合には受益者はしばしば不公平なオファーを拒否しますが、②のように不公平な配分以外の選択肢がなかった場合には、たとえ不公平なオファーでも受益者はそれを受け入れるというわけです。これは、実際の配分に至る手続きやマナーが受益者の行動に影響を与えていると解釈することができ、法的なことばでいう「手続き的公正」（procedural justice）にも通じる議論といえます。このことも、最後通牒ゲームにおいて相互応報的行動が効いていることを示す材料の1つといえるでしょう。

一方、独裁者ゲームについては、相互応報的な行動原理が現実行動をうまく説明できるかどうかは微妙です。先に見たように、独裁者ゲームではむしろ利他的動機の方が適切なモデルかもしれません。しかし、この場合でも、配分者が自分で稼いだパイを配分する場合と、実験者によって与えられた（つまり「空から降ってきた」）パイを配分する場合とでは、配分者の行動が異なるという結果が得られていることには注目すべきです。

つまり、配分者は自分で勝ち取ったパイについては極力自分に有利なようにオファーを設定し、逆にそれが天から与えられたような場合はある程度のシェアを受益者に与えるわけです。このことは、配分者の行動が利他的な動機のみに左右されているというよりも、最後通牒ゲームと同様、「手続き」が重要な要素となっていることがわかります。

さらに、公共財ゲームの実験結果に、相互応報性がどれほど効いているかについても議論が分かれます。ダウズとセイラー（Dawes and Thaler 1988）は、単発の公共財ゲームではある程度の寄付率が観察されるが、そもそも将来の時点で他のプレーヤーからプラスの意味でもマイナスの意味でも応報的に行動される可能性がないという点で、相互応報的動機が働いているとは断定しにくいとしています。

一方、フェールら（Fehr and Gächter 2001）は、繰り返しの公共財ゲームにおいて、寄付率が回を追って逓減し、最終的には低いレベルに落ち着くことに着目し、背景として、利己的なプレーヤーのただ乗り行動というよりもむしろ、負の相互応報性に動機付けられたプレーヤーが他のプレーヤーのただ乗りという敵対的な行動を予測して、自らもただ乗りによって仕返しをするという可能性があるのではないかと推測しています。

そこで彼らは、公共財ゲームのルールに明示的な形で、すべてのプレーヤーに他のプレーヤーの所得を減少させられるという罰則の機会を与えた上で再度実験を行いました。罰則は自分自身にも罰金の額に比例した費用がかかるように設定したため、利己的な人間には罰則を行使する誘因はありませんが、相互応報的人間なら「自分の所得を犠牲にしてでも、敵対的な行動をとった人間に対して仕返しをする」ためにそのような行動に出るというわけです。

彼らの実験の結果からは、罰則の機会を与えた場合には、これがない場合と異なり、寄付率が高めに安定して推移することがわかっています（図表7－2参照）。解釈としては、相互応報的なプレーヤーによる仕返しが考慮され、利己的なプレーヤーも含めて多くのプレーヤーに対して、公共財に自発的に寄付するという行動を誘発しているということができます。

ここで述べた相互応報的行動は、アクセルロッドが有名な著書『つきあい方の科学』（*Evolution of Cooperarion*）において、「囚人のジレンマ」を複数回繰り返すゲームの中で

図表7-2　フェールら（Fehr *et al.*）の実験結果

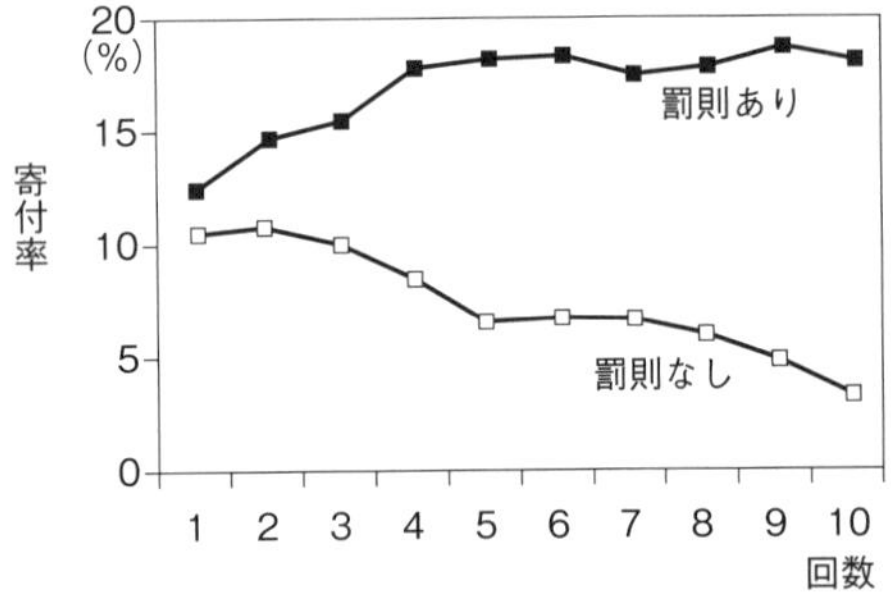

安定的に観察され、各プレーヤーが最も利得を得る戦略として挙げている「しっぺ返し」（tit for tat）と呼ばれる戦略に近いものでもあります。

しっぺ返し戦略は、①初回のゲームでは無条件に協調（黙秘）をとり、②次回以降は、相手がその前の回のゲームで協調（黙秘）していれば協調（黙秘）、裏切って（自白して）いれば裏切り（自白）を選ぶという戦略です。このような戦略が、実験の中で最もポピュラーであるという点は、相互応報的な動機が現実の人間の行動原理の背景にあるという主張を裏付けるものといえるでしょう。

なお、相互応報的行動に関する研究はこれまで、実験の結果に基づく帰納的な観察や議論が多かったわけですが、ラビン（Rabin 1993）らは人々の効用関数に相互応報性に基づく公平性の要素を織り込み、囚人のジレンマやチキンレース、性の闘争といった古典的なゲームにおいて、一定の条件[9]の下で、ナッシュ均衡とは異なる戦略の組み合わせ（例えば囚人のジレンマにおける〈黙秘、黙秘〉）が「均衡[10]」として得られることを示しています。

こうした均衡が、標準的なナッシュ均衡よりも現実に観察される結果に即したものであることには注目すべきでしょう。このような理論的なアプローチによって相互応報的な行動を分析する例はまだ少ないですが、行動経済学における今後の重要な研究テーマになりうると考えられます。

平等志向

古典的な利他的動機や相互応報的な動機に加えて、グループ内の平等性を好んだり、自分と他人との所得水準などの相対的な関係を気にするという行動原理も、既に述べてきた実験結果の背景にあるかもしれません。ここではこの可能性を見てみることにしましょう。

平等な配分は、2人によるゲームの例では、極端な場合、2人によるパイの2等分を意味します。あるいは、追加的な所得から得られる効用増加分が2人の間で等しくなるようにパイの配分を決定することが平等性の概念に沿うとも考えられます。

つまり、裕福な人と貧乏な人にお金を与える場合、貧乏な人にとっては、裕福な人よりも追加的なお金の価値が高いと考えられるので、裕福な人により多くのお金を配分すれば、2人の効用の増分は等しくなります。

しかし、こうした平等性のモデルは、独裁者ゲームや最後通牒ゲームの結果を完全に説明

$$u = u\left(x_r, \frac{x_r}{x_a}\right) \tag{7-3}$$

（ここでx_rは受益者の絶対所得を、x_aは配分者の絶対所得を表します）

できるとはいいがたいでしょう。特に独裁者ゲームの場合は、仕返しの機会がないにもかかわらず、パイの2等分という行動は観察されませんし、参加するプレーヤーの抽出を無作為に行っているので、配分者と受益者の考える追加的な所得の効用が常に一定の関係にあるとも考えられません。

また、平等性の概念をより広く、一般的に捉えれば、「自分と他者の所得水準や分け前の相対的な関係を気にする」という行動原理も含まれるかもしれません。デューゼンベリーは、他者の消費水準を考慮して自分の消費を決めるという消費関数（デモンストレーション効果）を想定しましたが、平等性の概念はこの考え方に即したものといえるでしょう。

ボルトン（Bolton 1991）は、最後通牒ゲームの実証結果を説明するために、受益者の効用関数として7－3式を想定し、受益者自身の分け前と配分者の分け前の相対的な比率（相対所得）を効用関数に明示的に含ませるというアプローチをとりました。

具体的には、相対所得が1未満の場合、つまり相手の所得が自分のそれよりも高い場合には効用uは相対所得の増加関数ですが、相対所得が1を超えると、受益者自身の絶対的な所得水準が増加しない限り効用は相対所得に応じては増加しないということが仮定されています。

これは一見説得力のあるモデルですが、キャメラーとセイラー（Camerer and Thaler 1995）によれば、このモデルでは配分者のオファーが配分者の選択によるものなのか、配分者の選択の余地がなかったことによるものなのかに応じて、受益者の行動が異なってくるという実験結果（前述の「マナー」の議論を参照）を説明することができないという問題を抱えています。これは注意すべきポイントです。

以上、最後通牒ゲームなどの実験ゲームにおけるアノマリーを説明しうる行動モデルについて簡単に触れましたが、結論としては、残念ながら、すべての現象を整合的にうまく説明できるモデルはまだ存在していないということです。しかし、３つのモデルの中では、「目には目を歯には歯を」という相互応報的な行動原理が最も有力なものということはできるでしょう。そこで以下では、この相互応報的動機を用いた経済分析の例を簡単に紹介します。

４　相互応報的な行動がもたらすもの——具体的な応用例

応用例１：独占的供給者の価格設定

相互応報モデルの考え方が応用されうる１つの例としては、独占的な供給者による価格設定の問題があります[11]。ミクロ経済理論によれば、ある財について独占的な競争力を持つ供給者は、政府による価格規制などがなければ、生産に要する限界費用と限界収入が一致するような生産量に基づく価格設定を行うため、一般的に価格は限界費用よりも相当高くなります。

しかし消費者は、たとえ独占価格による商品・サービスに価格分の価値があるとしても、そのような価格設定を「不当に高い不公平なもの」と捉える可能性があります。こうした消費者心理を読んで、独占的供給者はあらかじめ価格設定を本来の独占的価格よりも低い水準に抑えることになるかもしれません。

また、独占の場合には一般に、消費者が最大限支払ってもよいと考える価格（ＷＴＰ）に従って、価格差別を行う方が効率的だとされています。実際には、各消費者のＷＴＰを知ることが難しかったり、一度売った財が再販売される可能性があるために、事業者が完全な価格差別を行うのは困難です。

カーネマンらの実験は、これらの要因に加えて、消費者が一般的に、独占事業者による価格差別を「足元を見た」不公平な行動と捉えるために、結果的に価格差別が行われにくいという可能性を示しました。例えば、あるマンションの大家が、借主がマンションの近くに仕事を見つけたことを知って、次の賃料更新の際にその部屋の家賃を上げるというような行為は、借主にとって著しく不公平なものとみなされるというわけです。

こうした議論については実験による実証や理論的な考察が先行しており、[12] 現実のデータを用いた実証分析によってその妥当性が示されているわけではありません。これは、公的な価格規制などを受けない純粋な意味での独占という事例が少ないためとも考えられます。一方で、より現実的な形の独占的競争（第２章参照）における企業の価格設定行動や、公益事業などの民営化といった議論に、こうした考え方が応用される可能性が秘められているといえるでしょう。

応用例２：労働契約――高賃金と努力の交換

伝統的な労働契約理論の考え方

独占価格の問題よりも相互応報モデルが精力的に応用されているのが、労働契約の分野です。労働契約については、経済理論では伝統的に、賃金設定に際して使用者が労働者の仕事に対する態度（努力水準）を観察することができない（あるいは裁判などで立証することができない）という情報の非対称性問題、つまりモラルハザードの観点から研究がなされます。

ここではプリンシパル（使用者）が、努力水準に関する間接的な情報を持つ売上高などの指標に基づいて賃金体系を設定し、いかにしてエージェント（労働者）の努力インセンティブを引き出すかが重要なポイントになるわけですが、プリンシパル・エージェント問題から導かれる最適な賃金契約体系は一般的に非常に複雑なものになります。[13]

しかし現実の世界では、賃金契約はそこまで複雑な形態はとられていません。これには、複雑な契約を締結するには高いコストがかかるなどの背景があり、結果として、現実の契約は起こりうるすべての状況に対応できるものとはなっていないという事情があります。

不完備な契約と制度

こうした契約は「不完備契約」(incomplete contract)と呼ばれ、法と経済学の分野において様々な研究が存在します。不完備契約の理論においては、完全ではない契約を補完し、エージェントのインセンティブを引き出す仕組みとして法律や制度の存在が議論されています。ここでいう「制度」は法律や規制のように明文化されたものを指す場合が多いですが、広く解釈すれば社会規範や慣習という要素も含まれうると考えられます。

前置きが長くなりましたが、相互応報的動機が労働契約の問題に関わってくるルートの1つがこのチャネルということができます。もし、何らかの理由で労働契約が「不完備」であり、例えば、賃金体系が業績に関わらず常に定額のものであるとします。この場合、労働者には怠ける誘因がありますから、労働者にとって望ましい努力水準は最も低いレベルになります。また、これに呼応して使用者が提供する賃金水準についても、労働者が他の使用者の下で働いた場合に得られる水準(いわゆる留保効用を達成する賃金)にとどまるでしょう。

しかし、フェールら(Fehr and Gächter 2000)の実験では、使用者が賃金水準を高めに設定することにより、労働者の努力水準が最低値よりも幾分高くなるという結果が安定的に得られています。これは、相互応報的な動機を持った労働者が、使用者の友好的な行動（高い賃金の提示）に対して、好意的な態度（高い努力水準の提供）で報いていると解釈できます。

これに並行して、フェールらの研究は、ある確率の下で努力水準が観察でき、使用者の求める努力値より低い努力しか労働者が行っていないことが露見した場合には、使用者は罰金を科すことができるというインセンティブ・メカニズムを導入したケースの実験を行い、先の実験結果との比較を行いました。驚くべきことに、明示的なインセンティブ・メカニズムを置いた後者の実験では、努力水準がより低く抑えられてしまうという結果が見られました。

彼らはこの結果から、明示的なインセンティブが存在する場合には、不信感や制裁への恐れなどを生み出すことにより、本来ある相互応報的な関係がもたらす便益をクラウド・アウトしてしまう可能性があると結論付けています。

賃金の下方硬直性と相互応報的行動

相互応報的な行動モデルは、一歩進んで、賃金の硬直性というマクロ問題にもヒントを与えてくれます。マクロ経済学において、名目賃金に下方硬直があることを示す根拠としては効率的賃金仮説[14]がよく用いられます。これは、労働者の努力水準は賃金に伴って増加する関数であり、使用者は望ましい努力水準が引き出せるよう賃金水準と労働者数を決定し、利潤の最大化を図るという考え方です。

ある程度の努力水準を維持するために、使用者は労働者に対して、競争市場で導かれる水準よりも高い賃金を支払うことになるというのがこの仮説の主な結論です。

相互応報モデルは、効率性賃金仮説を別の角度から補強するものと考えられます。例えばノーベル経済学賞受賞者のアカロフ[15]は、労働市場は、使用者が留保賃金よりも高い賃金を払い、労働者が最低レベルの水準よりも高い努力を払うという「贈り物の交換」(gift exchange)として位置付けられるとしています。

つまり、繰り返しになりますが、使用者から見れば競争レベルよりも高い賃金を払うことにより、労働者の相互応報性に訴え、その労働努力を引き出し、結果として高い利潤を確保すると見ることができるのです。別の見方をすれば、不況期であっても労働者の賃金をカットすることは労働者の敵意を生み出し、かえって労働効率を低下させ利潤機会を失いかねないため、不況期においても賃金は低下しない傾向があると考えられます。

第2章や第4章では貨幣錯覚や損失回避性などのモデルを用いて賃金の下方硬直性を議論しましたが、どれかが唯一正しいというわけではなく、賃金の硬直性という現象は、これらの要素と本章の相互応報的動機とが相まって生じているものと理解することが適当でしょう。

フェールら(Fehr and Gächter 2000)によれば、こうした現象は、労働市場のもう1つのパズルを解く鍵ともされています。それは、労働市場が競争的である場合、労働者の能力や仕事内容が同じであれば、各産業間で賃金の格差が生じないにもかかわらず、実証分析によれば産業間格差が現に存在するという逆説的な現象[16]です。相互応報性の考え方を用いれば、産業や企業によって、労働者と使用者の間の信頼関係が異なるため、自然に賃金水準に差が生じることになります。

例えば、利潤を労使間で「公平に」配分すると労働者が予想できるような高利潤の企業や産業では、労働者の努力インセンティブが高まり、賃金も競争的なレベルよりも高くなるわけです。

5　さらなる応用例——日本人はより「公平」か？（社会規範と相互応報性）

以上では、最後通牒ゲームなど様々な実験ゲームで観察される逆説的な現象を説明する分析手段として、人々の持つ公平性、特に「目には目を歯には歯を」という相互応報性の重要性を説明し、このモデルの応用例について見てきました。最後に、これに関連して2点ほど補足したいと思います。

1つは、日本人は一般的に公平性志向が強い、といわれますが、この意見がどれほど説得力を持つかどうかについてです。ここで、「公平性」を先に見たような相互応報的動機と位置付けて考えます。ロスや奥野（Roth, Prasnikar, Okuno-Fujiwara and Zamir 1991）は、日本、アメリカ、イスラエル、ヨーロッパ諸国などにおいて、各国で同じルールを保ちつつ、最後通牒ゲームを実験しました。これによると、配分者による実際のオファーや受益者による拒否の確率などは各国で大きく変わらなかったという結果が得られています。

最後通牒ゲームの結果を説明する要因として、相互応報性が強いと考えると、各国において公平性の度合いはそれほど違わない、つまり日本人が特に高い公平性の考え方を持っているわけではないと考えることができるのかもしれません(17)。

もう1つの論点は、社会規範（social norm）と相互応報的公平性との関係についてです。本章の冒頭でも触れた通り、現実の世界で見られる純粋な利己的動機とは相容れない行動については、相互応報的な動機付けとともに、人々の住む社会の慣習や暗黙のルール、マナーといった要素が大きく効いているとも考えられます。

社会規範と相互応報性のどちらがどちらの原因になっているか、つまり、どちらが外生変数かという問題は、いわば鶏と卵の問題に似ており、確たることはわかりません。しかし、少なくとも相互応報性という人間の心理に根源的な性質が、現実の不完備契約的な状況を補完し、ある種の社会規範を醸成しているという可能性はあるのではないでしょうか。

前述のロスらの国際比較研究において、各国で数種のゲームの結果がほぼ変わらなかったという結論は、歴史や文化などに依存する社会規範が「先にありき」であるというよりも、むしろ、人間に等しく根付く相互応報性が人々の行動のあり方に影響を与えているということを示しているのかもしれません。

ポイント

・本章では、伝統的な経済学の仮定するホモ・エコノミカスの3つ目の特性（超利己主義）に対する批判として、他者の目を気にするような人間の行動原理について、最後通牒ゲームなどの代表的な経済実験の結果から推察されるいくつかの類型を見た。

・カテゴリーとしては、純粋な利他心、純粋でない（ウォーム・グローの意味での）利他心、「目には目を歯には歯を」の相互応報性、および平等志向がありうるが、経済的に特に重要なのは相互応報性である。

・相互応報的動機付けは、最後通牒ゲームのような設定だけではなく、労働契約や賃金の硬直性などより現実的な応用範囲を持つものであり、モラルやマナーといった社会規範との関連性も深い概念である。

終章　心理学的アプローチの限界と可能性

本書のおさらい

本書は、教科書的な経済学、とりわけ人々の行動を扱うミクロ経済学、およびこれに根ざした新古典派的マクロ経済学が典型的に分析の前提としている人間像には、3つの非現実的な特徴――無尽蔵な合理性、完璧な自制心、極端な利己主義――があるのではないかという議論からスタートしました。こうした人間像を無批判に信用しても、現実の人々の行動や経済現象のすべてを説明できるわけではなく、合理性の限界や損失を嫌う性格、自分を律する能力の限界、相手の態度に対して自分の態度を決める行動原理といった心理的なファクターを人間像に加味することが必要であるというのが、本書の主たるメッセージでした。

各章で紹介した行動経済学の心理モデルは、標準的経済学が有する人間観の3つの欠陥に対応しています。例えば、最適化コストに基づく限定合理性や近道選び、プロスペクト理論は、無尽蔵な合理性へのアンチテーゼと整理できます。また、時間非整合的な選好（あるいは双曲的割引モデル）は完璧な自制心を、相互応報的行動原理は極端な利己主義を、それぞれ修正するアプローチです。こうした心理学的なアプローチに基づく行動経済分析は、人々の現実的な行動と整合的な形で現実の経済・社会問題に対する説明能力を高めるという意味で必要不可欠のものと考えるのが、一般的な反応だと思います。

行動経済学に対する「いわれなき」批判

しかし、行動経済学のアプローチに対してはいくつかの批判もあります。その1つとして、心理学的な手法に基づく人間行動の描写は、極めて現実的であるがゆえに、分析ツールとしての汎用性や利便性が失われるのではないか、という議論があります。この問題は、モデルの「簡便さ」と「現実妥当性」との間にトレードオフの関係があることに起因しています。

カリフォルニア大学バークレー校のラビン教授は、図表1のような図でこの関係を表現しています（Rabin 2002）。2つの曲線は、典型的な心理学者と経済学者の無差別曲線をイメージしたもので、心理学者の方が経済学者に比べて相対的にモデルのリアリズムを重視していることが示されています。ラビン教授は、メインストリームの経済学者はモデルの簡便さを重視するあまり、無差別曲線が垂直に近い形状になっている、すなわちモデルの現実性を軽視してしまっているのではないかと指摘しています。経済学者は、彼らの伝統的な思考と心

図表1　心理学者と経済学者の選好

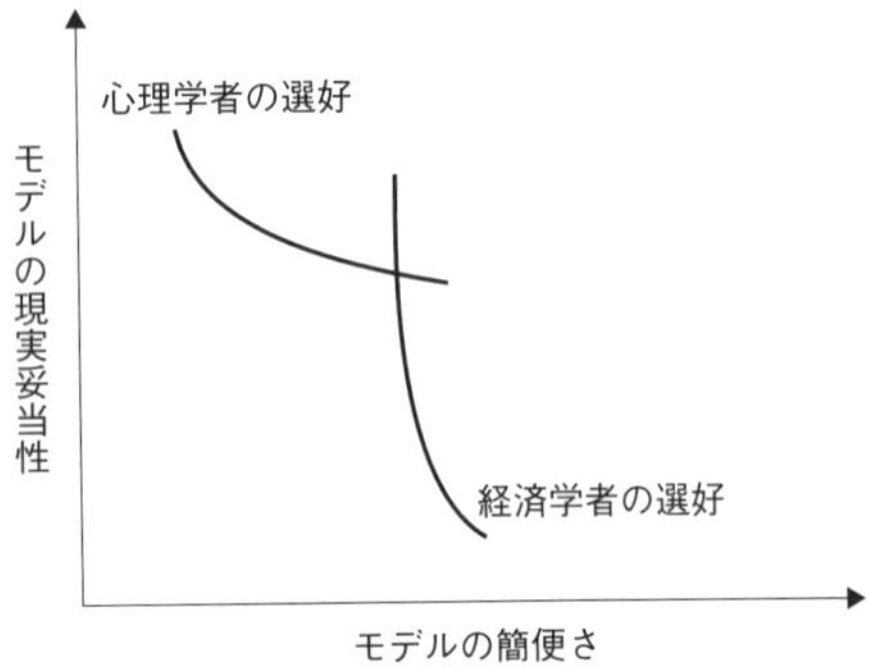

理学的な考え方との間の適切なバランスをとるべきだということです。

もう1つの批判は、「現実的な人間」の行動パターンの根拠として、行動経済学がしばしば利用する実証実験結果に対するものです。第2章でも触れましたが、被験者に対して自分の本当の選好を表させるようなインセンティブが十分でなければ、実験結果は現実の人間行動を表しているものとはいえなくなるかもしれません。しかし、カーネマンやセイラーらの、学界に大きな影響を与えてきた実験の多くは、極めて入念に設計されたものであり、そうした批判は当たらないと思われます。

関連して、第2章や第7章でも見たように、一般的に実験の参加者は、公共財ゲームなどの実験内容に精通していないアマチュアであり、このような被験者から構成された実験の結果は信頼に足るものではないという反論もありえます。しかし、少し考えてみれば、現実の社会における重要な経済活動は、金融商品への投資や比較的金額の高い耐久財等の買い物など、全くの初心者とはいわないまでもそこまでプロではない人々が参加しているものが多いと考えられます。経済学にとって重要なのは、プロばかりで構成された市場ではなく、プロもアマも混在する現実的な市場におけるダイナミズムなのではないでしょうか。

さらに、第2章で見たように、プロとアマが混在していても、初心者のような「合理的でない」人々の行動は、競争的な市場で損を出すことで、合理的なプロの活動によって駆逐されるはずだという論法もあります。ここでは詳しくは繰り返しませんが、第2章の後半や第5章で再三議論したように、行動経済学の重要な発見の1つは、ごく少数の「合理的でない」市場参加者の行動であっても、合理的な参加者の行動を変えることを通じて、市場の結果に大きなインパクトを与えうるということでした。

行動経済学が抱える「本質的」な限界——規範的学問としての機能

このように、行動経済学に対して指摘される欠点の多くは克服可能なものです。しかし、本質的な問題もあります。それは、実証的分析と並ぶ経済学の柱である規範的分析としての機能です。規範的分析とは、端的には、「経済のあるべき姿は何か」「消費者らはどのように行動すべきか」「政策はどのように設計されるべきか」といった問題に答えるものです。新古典派による標準的な経済学は、パレート最適という概念に代表されるように規範的分析に関してはある程度の役割を果たします。

一方、行動経済学から見出された、近道選びや損失回避、双曲的割引などの行動パターンに関しては、それらがどこまで非合理的なものであるのか、もしくはどこまで本源的な選好に基づくものなのかによって、「あるべき行動」の位置付けが異なってきます。

例えば、近道選びは、利用可能な情報をすべては利用せず、大雑把な考え方の下で判断を行うという点では一見「非合理」な行動です。しかし、利用できる膨大な情報を処理するコストを節約して意思決定を行うという意味では、合理的な振る舞いともいえるわけです。

また、損失回避という行動についても、第4章のフレーミングの項で議論したように、一方では、ある問題を表から見るか裏から見るかで反応を変えてしまうといった点で非合理的な側面があるので、「損失回避をやめて、通常の効用関数に基づいて行動せよ」という規範的なアドバイスができるのかもしれません。しかし、他方では、損失回避という性向は人々の本源的な選好に基づくものかもしれないので、ああせよ、こうせよという指示にはなじまないかもしれません。

政策のあり方についても同じことがいえます。例えば、アメリカで見られるように、人々は放っておけば「今日の消費」の誘惑に負け、貯蓄をしたくても貯蓄をしないので、401（k）のような形で貯蓄のインセンティブを与えるという一種のパターナリズムに基づく手法によって、「あるべき政策」を模索できる可能性はあります。この点は後述します。

他方で、第6章でも見たように、時間非整合的な割引関数を持つ人々が単純（ナイーブ）なタイプなのか洗練（ソフィスティケート）されたタイプなのかによって、時間を通じた望ましい活動の計画は異なってきます（宿題をいつやるかという問題を思い出してください）。もしそうなら「望ましい」政策を設計することは困難になってしまいます。

さらにいえば、人々が「合理的ではない」経済主体であることは、ある程度共通の認識であったとしても、「人々が非合理的である」との前提で政策を組み立てることが、果たしてモラル的に許容されるのか否かについても注意が必要でしょう。

政策面への行動経済学の応用可能性

一方、そうした中でも、政策応用面で注目される動きとして「穏健なパターナリズム」という考え方があります。通常のパターナリズムは、政府が消費者のある種の活動を制限する形をとります。その前提には人々の判断や選択には非合理性があるという行動経済学の考え方があります。こうした自由意思に基づくべき消費者の選択の自由を制限するパターナリズムに対しては、合理的に行動できる人々の行動も制約してしまうことから効率性を損なうという問題点があります。こうした厳格なパターナリズムに対して、合理的な消費者の活動をできるだけ阻害せず、非合理的な人々の行動を望ましい方向に導くというソフトな形態のパターナリズムが提唱されています。このような穏健なパターナリズムの社会厚生上の意味について、キャメラー教授ら（Camerer et al.（2003））は以下のモデルに基づく考え方を示しています。

社会に占める合理的でない消費者の割合をp、合理的な消費者のそれを1－pと想定し、政策介入による非合理的な消費者の純便益（合理性基準に則った望ましい行動をとることによる効用の増分）をB、合理的消費者にとってのコスト（自由意志による選択を阻害される場合の不効用）をC、政策を実施するための費用をI、政策によって企業の費用が増加する場合の利潤の変化をΔΠ（負値を想定）とすると、穏健なパターナリズム政策を導入した場合の社会厚生の変化は以下となります。

$$\Delta W = (pB) - (1-p)C - I + \Delta\Pi$$

ここで、この式の値がゼロを上回る限り政府の介入が正当化されるとしています。つまり、社会に非合理的な消費者が多いほど、合理的消費者の選択の自由を阻害する程度が小さいほど、実施コストや企業利益への影響が小さいほど、穏健なパターナリズムはパレート改善的な政策となるということです。例えば、タバコ課税について言うと、喫煙に対しての外部性に対処する以上の課税は、合理的に喫煙行動をとっている消費者の厚生を減じることになり、その社会に占めるウェイト（1－p）、社会的コストの大きさ（C）が大きければ望ましい介入とはいえません。また喫煙の広告規制については、合理的消費者への影響は小さいかもしれませんが、政策実施コスト（Ⅰ）や企業利益への影響（ΔⅡ）によってパレート改善的ではないかもしれません。他方、デフォルト効果を用いる等のリフレーミングの場合、合理的消費者にとってはフレームのあり方如何は行動に影響を与えるものではなく、また実施コスト等を限定的なため、介入形態としては受け入れやすいものといえます。

行動経済学の可能性

最後にまとめとして、経済学における行動経済学の今後のプレゼンスについて展望してみたいと思います。行動経済学の発展が経済学に与えるインパクトとしては、大きく分けて3つの可能性があると思います。1つは、行動経済学の理論を脳科学の観点から実証しようという新しい流れである神経経済学と相まって、経済学、特に人々の行動原理を説明するミクロ経済学の考え方を根本から覆す、革命が起きるという可能性です。

第二の可能性は、心理学的アプローチは、経済学の根幹である合理的個人のモデルを代替するものではなく、「一時の熱狂」のようにブームになっては消え去るというサイクルを繰り返すだけの取るに足らない異端に過ぎないというものです。

第三の可能性は、その中間で、行動経済学は伝統的な経済学を置き換えることはなくとも、全く無視されるものでもなく、標準的な経済学と補完関係を持って、現実の説明力を強めていくというものです。

このうち第二の可能性については、これまで繰り返し議論してきたように、カーネマンをはじめとする研究者たちの発見した行動モデルが多くの人々の現実の行動を見事に表しているという事実から、非現実的と考えられます。約20年ほど前にノーベル経済学賞を受賞したナッシュらによるゲーム理論も、当初は「一時の熱狂」と軽視されていたようですが、現在では主要なミクロ経済学の教科書に欠かすことのできないパーツとなっています。

一方、第一の可能性のように、心理学のアプローチが経済学の有り様を根底から変えるというのも現実的ではないでしょう。本書の冒頭でも強調したことですが、現在までのところ、行動経済学の心理モデルは、伝統的なミクロ経済学による効用最大化などの行動原理が説明することのできない経済行動・経済現象（アノマリー）が出てくるたびに、一本の整合的なモデル体系を示すのではなく、あくまでアドホックな形でこれを説明するモデルを打ち出すということに大きな役割を果たしてきました。

これに対して、岩井克人教授が指摘したように[1]、経済学とは「人間の合理性を徹底的に追求していくことによっていったい何が可能かということを、とことんまで理論化しようとしている」ことに意義があるのであり、人々の合理性を非現実的なまでに仮定しているからといって経済学の伝統そのものが捨て去られるということはありえません。

また、基本的な経済学を補完するツールとしては、心理学的な説明に限定されるべきではなく、歴史的な視点や社会学的なアイデアなど様々なものがありうるでしょう。

すると、残された可能性は、必然的に第三のもの、つまりメインストリームの経済学と心理学あるいは他の学問分野とが互いに切磋琢磨して、実証分析の能力を高めていくということに落ち着くのではないでしょうか。より具体的には、ミクロ経済理論や公共経済学など現在ある経済学の多くのサブ・カテゴリーにおいて、いわゆるアノマリーを説明するための1つの（しかし重要な）選択肢として、限定合理性やプロスペクト理論などの心理学の要素が取り込まれていくことが期待されます。

実際、本書で紹介した行動ファイナンス（バブル、株価リスク・プレミアム）や、マクロ経済学（フィリップス曲線、名目賃金硬直性）、公共経済（タバコ課税や企業年金政策）の他にも、ゲーム理論や産業組織論、法と経済学の分野などで、行動経済学が一定の研究成果を挙げ、一定の市民権を得ていると言えます。カーネマン教授以来となる行動経済学者、シラー教授の2013年のノーベル経済学賞受賞を機に、今後も、政策分野を含めて、より広範な応用分野で心理学的アプローチが活用されていくことが期待されます。

微力ながら本書が、読者の皆様が現実の経済問題や政策議論を考えるにあたって、あるいは経済学のアノマリーを紐解く研究活動などに際して、ちょっとしたヒントとして活用されることを期待しまして、本書の結びとさせていただきます。

ブックガイド――近年刊行された手に入れやすい入門書を中心に紹介します

『行動経済学』大垣昌夫・田中沙織（2014年　有斐閣）

現時点（2014年時点）では、我が国研究者による行動経済学に関する包括的な最新の著作です。本書でも一通り紹介している行動経済学の基礎理論に加え、関連する分野として、アンケートに基づく主観的な厚生を向上させる要素は何かを追究する「幸福の経済学」、経済活動と脳の活動の関係に注目した「神経経済学」、アカロフ教授を中心に展開され、経済行動における社会的な文脈の重要性を指摘した「アイデンティティの経済学」などの幅広いトピックもバランス良く取り上げています。

『ファスト&スロー』（上）（下）ダニエル・カーネマン（2014年　ハヤカワ・ノンフィクション文庫）

ご存知、行動経済学の祖であるカーネマン教授による最新著作の邦訳です。氏や共同研究者たちによる長年にわたる膨大な心理学実験の成果から、「小数の法則」「リンダ問題」などのヒューリスティックス、「損失回避」「参照点効果」などのプロスペクト理論などの行動経済学の古典理論について、自らの語り口で網羅的にカバーされている貴重な一作です。主観的な厚生についての章は、教授も参加し、各国の幸福度計測にも影響を与えたフランスの「社会進歩プロジェクト」を理解する上でも重要です。

『行動ゲーム理論入門』川越敏司（2010年　NTT出版）

行動経済学の第一人者であるキャメラー教授が展開している「行動ゲーム理論」に関しての、我が国の代表的な行動経済学者による、日本唯一の解説書です。行動ゲーム理論からは、本書でも紹介した「最後通牒ゲーム」のように、古典的な理論では説明できない、いわゆる社会的選好の重要性が示唆されることもありますが、必ずしも行動経済学の一分野というわけではなく、あくまで厳格に設計された実験環境の下で様々なゲームを再現・検証しようというもので、この分野のエッセンスをつかむことができます。

『セイラー教授の行動経済学入門』リチャード・セイラー（2007年　ダイヤモンド社）

本書でもたびたび紹介したセイラー教授による行動経済学の古典の邦訳で、原著は「The Winner's Curse（勝者の呪い）」という1992年の著作です。著者単独あるいは共著による、行動経済学的現象、いわゆる「アノマリー」に関する論文等を集積したもので、「勝者の呪い」はもちろん、「最後通牒ゲーム」「賦存（保有）効果」「時間非整合性」「心の家計簿（心理会計）」などのトピックごとに、何が「アノマリー」なのか、その考えられる理論的背景はどこにあるのかが丁寧に紹介されています。

『実践　行動経済学』リチャード・セイラー、キャス・サンスティーン（2009年　日経BP社）

同じくセイラー教授と法学者サンスティーン教授による著作で、行動経済学の成果を活かして、いかに、人間の経済行動に影響を与え、厚生を高めることができるか、という政策への応用可能性が追究されています。行動を強制（矯正）する厳格なパターナリズム（家父長主義）ではなく、たとえば確定拠出企業年金制度への加入を「自動的な加入」（最初はデフォルトで加入している状態だが、選べば抜けることもできる）とすることによって貯蓄を高めるなど、「人々の背中をちょっと押す（英語では、「Nudge」といって、本書の原題です）」という「穏健な」パターナリズムをすすめる書です。

『経済学に脳と心は必要か？』川越敏司編著（2013年　河出書房新社）

本書では取り上げていない神経経済学のエッセンスを知ることができる学際的な論文集です。神経経済学は、心理学実験で裏付けられてきた行動経済学の一見「非合理」な行動について、脳科学の観点から実証しようという分野です。具体的には、実験的な環境の下で被験者に対して、fMRIにより脳のスキャニングを行い、脳のどの部位が反応しているかで、時間非整合性や相互応報的動機の存在を確認するものです。神経経済学に対する批判的観点も取り上げており、バランスのとれた一作と言えます。

『アニマルスピリット』ジョージ・アカロフ、ロバート・シラー(2009年　東洋経済新報社)
ノーベル経済学賞受賞者二人による、行動経済学とマクロ経済学をつなぐ話題作です。信頼乗数、社会的選好、貨幣錯覚といった基本的な仮説から、フィリップス曲線や信用サイクルなどのマクロ経済現象を説明。企業投資は経営者の直感に左右されるというアニマルスピリット論など行動経済学をいち早く体現していたと言えるケインズ経済学の重要性を再確認しています。原著は2008年のリーマンショックの最中に出版されたこともありベストセラーとなりました。

『予想どおりに不合理』ダン・アリエリー(2013年　ハヤカワ・ノンフィクション文庫)
最近(2014年)、NHKのテレビ番組「白熱教室」にも登場し、話題となった、気鋭の行動経済学者による代表作です。著者オリジナルの様々なユニークな実験により、標準的な経済学では説明ができない経済行動の存在を実証していきます。効かないはずのプラシーボ(偽薬)がなぜ効果を持つのか、本来は高いチョコレートが安物より好きなのに、両方の価格は少し下がっただけでなぜ安い方のチョコレートを選択し、結果的に損をしてしまっているのか、など身近なエピソードが説得力を持ちます。

『行動ファイナンス』榊原茂樹、加藤英明、岡田克彦編著（2010年　中央経済社）

真壁昭夫氏、角田康夫氏の著作などとともに、行動経済学の応用分野として最も有力なファイナンス分野を取り上げた「行動ファイナンス」についての基本的な概説書です。プロスペクト理論やヒューリスティックスなど基本的な理論とその応用はもちろんのこと、なぜ経営者は定期的な配当支払を重視するのか（無配を嫌うのか）、M＆Aはなぜ、しばしば失敗に終わることがあるのか、などのトピックを取り上げています。必ずしも行動経済学でなく伝統的な経済理論でも説明可能とする立場をとる点でバランスのとれた良書と言えます。

『日本の幸福度』大竹文雄、白石小百合、筒井義郎編著（2010年　日本評論社）

日本の行動経済学を牽引する大竹教授、筒井教授らによる我が国の「幸福の経済学」の先駆的な書です。アンケート調査から、ワークライフバランス、失業、不平等など様々な観点により日本人の幸福度の源泉を検証しようという意欲作です。最後に手前味噌ですが、発展途上国でのフィールドスタディから主観的厚生＝幸福度を説明するものは何かを追究し、開発経済学にも貢献するキャロル・グラハム著（筆者訳）の『幸福の経済学』（2013年日本経済新聞出版社）も推薦させていただきます。

Roth, A., V. Prasnikar, M. Okuno-Fujiwara, and S. Zamir (1991) Bargaining and market behavior in Jerusalem, Ljubljana, Pittsburgh and Tokyo: an Experimental study, *American economic review* 81, p1068-1095.

Samuelson, W. and R. Zeckhauser (1998) Status quo bias in decision making, *Journal of risk and uncertainty* 1, p7-59.

Shafir, E, P. Diamond and A. Tversky (1997) Money illusion, *Quarterly journal of economics* 112 (2), p341-374.

Shiller, R. (2000) *Irrational exuberance*, Princeton University Press.（邦訳『投機バブル　根拠なき熱狂』植草一秀訳、ダイヤモンド社）

Shleifer, A. (1986) Do demand curves for stocks slope down?, *Journal of finance* 41, p579-590.

Shleifer, A (2000) *Inefficient markets: an Introduction to behavioral finance*, Oxford University Press.（邦訳『金融バブルの経済学』兼広崇明訳、東洋経済新報社）

Siegel, J. (1992) The Equity premium: Stock and bond returns since 1802, *Financial analyst journal* 48, p28-38.

Simon, H. (1955) A Behavioral model of rational choice, *Quarterly journal of economics* 69, p99-118.

Thaler, R (1980) Toward a positive theory of consumer choice, *Journal of economic behavior and organization* 1, p39-60.

Thaler, R. (1988) Anomalies: the Ultimatum game, *Journal of economic perspectives* 2 (4), p195-206.

Thaler, R. (1992) *The winner's curse: paradoxes and anomalies of economic life*, Princeton University Press.（邦訳『セイラー教授の行動経済学入門』篠原勝訳、ダイヤモンド社）

Tversky, A. and D. Kahneman (1982) Evidential impact of base rates, in D. Kahneman, P. Slovic and A. Tversky ed. *Judgment under uncertainty: Heuristics and biases*, Cambridge University Press.

Loewenstein, G. and D. Prelec (1992) Anomalies in Intertemporal choice: Evidence and an interpretation, *Quarterly journal of economics* 107 (2), p573-597.

Mankiw, N. G. (1985) Small menu costs and large business cycles: a Macroeconomic model, *Quarterly journal of economics* 10, p529-538.

Mankiw, N. G. (2000) The Savers-spenders theory of fiscal policy, NBER WP 7571.

Mankiw, N.G. and R.Reis (2002) Sticky information versus sticky prices: A proposal to replace the New Keynesian Phillips curve, *Quarterly journal of economics* 117 (4), p1295-1328.

Mehra, R. and E. Prescott (1985) The Equity premium: a Puzzle, *Journal of monetary economics* 15, p145-161.

Mullainathan, S. and R. Thaler (2000) Behavioral economics, NBER WP7948.

Nagel, R. (1995) Unraveling in guessing games: an Experimental study, *American economic review* 85 (5), p1313-1326.

Odean, T (1998) Are inverstors reluctant to realize their losses?, *Journal of finance* 53 (5), p1997-1798.

O'Donoghue, T. and M. Rabin (1996) *Doing it now or later*, University of California at Berkeley.

Quattrone, G and A. Tversky (1988) Contracsting rational and psychological analyses of political choice, *American political science review* 82 (3), p719-736.

Rabin, M. (1993) Incorporating fairness into game theory and economics, *American economic review* 83 (5), p1281-1302.

Rabin, M. (2000) Risk aversion and expected-utility theory: a calibration theorem, *Econometrica* 68 (5), p1281-1292.

Rabin, M. and R. Thaler (2000) Anomalies: Risk aversion, *Journal of economic perspectives.*

Rabin, M. (2002) A Perspective on psychology and economics, *European economic review* 46, p657-685.

Romer D. (2001) *Advanced macroeconomics* (2nd edition), McGrow hill.

Isaac, R. and J. Walker (1988) Communication and free-riding behavior; the voluntary contribution mechanism, *Economic inquiry* 26 (2), p585-608.

Kahneman, D. and A. Tversky (1974) Judgment under uncertainty: Heuristics and biases, *Science* 185, p1124-1131.

Kahneman, D and A. Tversky (1979) Prospect theory: an Analysis of decision under risk, *Econometrica* 47 (2) p263-291.

Kahneman, D., J. Knetsch, and R. Thaler (1991) Anomalies: the Endowment effect, loss aversion and status quo bias, *Journal of economic perspectives* 5, p193-206.

Kahneman, D (1993) New challenges to the rationality assumption, *Journal of institutional and theoretical economics* 150 (1), p18-36.

Kahneman, D., P. Slovic and A. Tversky (1982) *Judgment under uncertainty: Heuristics and biases*, Cambridge University Press.

Knight, F. (1921) *Risk, uncertainty and profit*, New York, Houghton Mifflin. (邦訳『危険・不確実性および利潤』奥隅栄喜訳、文雅堂銀行研究社)

Krueger, A. and L. Summers (1988) Efficiency wages and the inter-industry wage structure, *Econometrica* 56, p259-293.

Lakonishok, J., A. Shleifer, and R. Vishny (1992) The structure and performance of the money management industry, Brookings papers on economic activity: microeconomics, p339-391, Brookings institution.

Lakonishok, J., A. Shleifer, and R. Vishny (1994) Contrarian investment, extrapolation, and risk, *Journal of finance* 49, p1541-1578.

Laibson, D. (1997) Golden eggs and hyperbolic discounting, *Quarterly journal of economics* 112 (2), p443-477.

Laibson, D., A. Repetto, and J. Tobacman (2000) A Debt puzzle, NBER WP7979.

Laibson, D. (2002) Intertemporal decision making, in L. Nadel ed. *Encyclopedia of cognitive science*, Macmillan Publishers.

Lichtenstein, S., B. Fischhoff, and L. Phillips (1982) Calibration of probabilities, in D. Kahneman, T. Slovic and A. Tversky eds. *Judgment and uncertainty: Heuristics and biases*, Cambridge University Press.

simple bargaining experiments, *Games and economic behavior* 6, p347–369.

Fox, C and A. Tversky (1991) Ambiguity aversion and comparative ignorance, *Quarterly journal of economics* 110 (3), p585–603.

French, K., and J. Poterba (1991) Were Japanese stock prices too high, *Journal of Financial Economics* 29, p337–363.

Froot, K. and J. Frankel (1989) Forward discount bias: Is it an exchange risk premium?, *Quarterly journal of economics*, p139–161.

Froot, K. and E. Debora (1999) How are stock prices affected by the location of trade?, *Journal of financial economics* 53 (2), p189–216.

Gabaix, X and D. Laibson (2002) The 6D bias and the equity premium puzzle, in *NBER Macroecnomie Annud* vol.16, p275–312.

Gabaix, X and D. Laibson (2003) Some industrial organization with bounded rational consumers, mimeo.

Garber, P. (1990) Famous first bubbles, *Journal of economic perspectives* 4, p35–54.

Goldberg, J. and R. von Nitzsch (2001) *Behavioral Finance*, John Wiley & Sons(邦訳『行動ファイナンス 市場の非合理性を解き明かす新しい金融理論』真壁昭夫訳、ダイヤモンド社)

Griffin, D. and A. Tversky (1992) The weighing of evidence and the determinants of confidence, *Cognitive Psychology* 24 (3), p411–435.

Gruber, J. and B. Koszegi (2001) Is addiction rational?: Theory and evidence, *Quarterly journal of economics* 116 (4), p1261–1305.

Gruber, J. and S. Mullainathan (2002) Do cigarette taxes make smokers happier, NBER WP 8872.

Guth, W., R. Schmittberger, and B. Schwarze (1982) An Experimental analysis of ultimatum bargaining, *Journal of economic behavior and organization*, p367–388.

Haltiwanger, J. and M. Waldman (1985) Rational expectations and the limits of rationality: an Analysis of heterogeneity, *American economic review* 75 (3), p326–340.

NBER-WP 2924.
Chamberlin, E. (1962) *The theory of monopolistic competition: a Reorientation of the theory of value*, Harvard University Press.
Conlisk, J. (1996) Why bounded rationality?, *Journal of economic literature* 34 (2), p669-700.
Dawes, R. and R. Thaler (1988) Anomalies: cooperation, *Journal of economic perspectives* 2 (3), p187-197.
DeBondt, W. and R. Thaler (1985) Does stock market overreact?, *Journal of finance* 40 (3), p793-805.
DeLong, J.B.., A. Shleifer, L. Summers, and R. Waldman (1990) Noise trader risk in financial markets, *Journal of political economy* 98 (4), p703-738.
DeLong, J.B., A. Shleifer, L. Summers, and R. Waldmann (1990) Positive feedback investment strategies and destabilizing rational speculation, *Journal of finance* 45 (2), p379-395.
Diamond, P. (1965) National Debt in a Neoclassical Growth Model, *American economic review* 55, p1126-1150.
Diamond, P. and B. Koszegi (2001) Quasi Hyperbolic Discounting and Retirement, Department of Economics, MIT.
Diamond, P. (2002) *Taxation, Incomplete Markets, and Social Security*, Oxford University Press.
Duesenberry, J. (1952) *Income, saving and the theory of consumer behavior*, Harvard University Press.
Ellsberg, D. (1961) Risk, ambiguity and the Savage axioms, *Quarterly journal of economics* 75, p643-679.
Fehr, E. and A. Falk (1999) Wage rigidity in a competitive incomplete contract market, *Journal of political economy* 107, p106-134.
Fehr, E. and S. Gächter (2000) Fairness and retaliation: the Economics of reciprocity, *Journal of economic perspectives* 14, p159-181.
Fehr, E. and J. Tyran (2001) Does money illusion matter?, *American economic review* 91, p1239-1262.
Forsythe, R., J. Horowitz, N. E. Savin and M. Sefton (1994) Fairness in

Bazereman, M. and W. Samuelson(1993) I won the auction but don't want the price, *Journal of Financial Economics* 27, p618-634.

Becker, G. and K. Murphy (1988) A theory of rational addiction, *Journal of political economy* 96 (4), p675-700.

Benartzi, S and R. Thaler (1995)Myopic loss aversion and the equity premium puzzle, *Quarterly journal of economics* 110 (1), p73-92.

Benartzi, S and R. Thaler (2001) Naive diversification strategies in retirement saving plans, *American economic review* 91 (1), p79-98.

Bergstrom, T., L. Blume, and H. Varian (1986) On the private provision of public goods, *Journal of public economics* 29, p25-49.

Bernheim, D., J. Skinner, and S. Weinberg (2001) What accounts for the variation in retirement wealth among U.S. households?, *American economic review* 91, p832-857.

Bernheim, D. (2002) Taxation and saving, in A. Auerbach and M. Feldstein ed. *Handbook of public economics Vol.*3, Elsevier.

Bolton, G. (1991) A comparative model of bargaining: theory and evidence, *American economic review* 81 (5), p1096-1136.

Camerer, C. and R. Thaler (1995) Anomalies: Ultimatums, dictators, and manners, *Journal of economic perspectives* 9 (2), p209-219.

Camerer, C, L. Babcock, G. Loewenstein, and R. Thaler (1997) Labor supply of New York City cab drivers on day at a time, *Quarterly journal of economics* 112 (2), p407-441.

Camerer, C (2000) Prospect theory in the wild: Evidence from the field, in D. Kahneman and A. Tversky ed. *Choices, values, and frames*, Cambridge University Press.

Camerer, C and D. Lovallo (1999) Overconfidence and excess entry: an Experimental approach, in D. Kahneman and A. Tversky ed. *Choices, values, and frames*, Cambridge University Press.

Camerer, C (2003) *Behavioral game theory: Experiments in strategic interaction*, Princeton University Press.

Campbell, J. and G. Mankiw (1989) Consumption, Income, and Interest Rates,

参考文献

福田慎一（2001）「マクロ経済動学における期待の役割」『フィナンシャル・レビュー』2001年9月号、財務総合政策研究所

ホリオカ、藤崎、渡部、石橋（1998）「貯蓄動機・遺産動機の日米比較」ホリオカ・浜田編『日米家計の貯蓄行動』（日本評論社）所収。

真壁昭夫（2003）『最強のファイナンス理論』講談社現代新書

Akerlof, G. (1982) Labor contracts as partial gift exchange, *Quarterly journal of economics* 97, p542-569.

Ainslie, G. (1992) *Pioeconomics*, Cambridge University Press.

Akerlof, G. and J. Yellen (1985) Can small deviations from rationality make significant differences to economic equilibria?, *American economic review* 75 (4), p708-720.

Akerlof, G., W. Dickens, and G. Perry (2000) Near-rational wage and price setting and the long-run phillips curve, Brookings papers on economic activity 1, p1-44.

Akerlof, G (2002) Behavioral macroeconomics and macroeconomic behavior, *American economic review* 92 (3), p411-433.

Angeletos, G., D. Laibson, A. Repetto, J. Tobacman, and S. Weinberg (2001) The Hyperbolic buffer stock model: Calibration, simulation, and empirical evaluation, *Journal of economic perspectives* 15 (3), p47-68.

Axelrod, R. (1984) *The Evolution of cooperation*, Basic books.（邦訳『つき合い方の科学』松田裕之訳、ミネルヴァ書房）

Barber, B. and T. Odean (2001) Boys will be boys: Gender, over confidence and common stock investment, *Quarterly journal of economics* 116(1), p261-292.

Barberis, N., A. Shleifer, and R. Vishny (1998) A Model of investor sentiment, *Journal of Financial Economics*, p307-343.

Barro, R. (1999) Ramsey meets Laibson in the neoclassical growth model, *Quarterly journal of economics* 114 (4), p1125-1152.

(7) Camerer and Thaler (1995) や Thaler (1988) を参照。
(8) 詳しくは Fehr and Gachter (2001) を参照。
(9) Rabin (1995) は、自分の利得を犠牲にして相手を罰する(ないし報いる)ためのコストが相対的に低いという条件を導いています。
(10) Rabin (1995) はこれを公平均衡 (fairness equilibrium) と呼んでいます。
(11) Kahneman, Knestch and Thaler (1986) などを参照。
(12) Rabin (1993) は、前述の公平均衡 (fair equilibrium) のモデルを用いて独占供給者の価格設定問題を分析しています。
(13) プリンシパル・エージェント問題の基本的な解説については、邦文のミクロ経済学のテキストなどを参照してください。英文では Salaine の *Economics of Contracts* がよく整理されています。
(14) 効率性賃金モデルについては、Romer (2001) が文献をコンパクトにまとめています。
(15) Akerlof (1982) 等を参照。
(16) 具体的には Krueger and Summers (1998) を参照。なお、Romer (2001) はこのパズルについてまとまった論点整理を行っています。
(17) 日本人が利他的かどうかについては、ホリオカら (1998) がパネルデータを用いて日米の遺産行動を比較分析していますが、日本では遺産の動機として利他的動機の説明力は弱く、むしろ死期の不確実性による偶発的な遺産や、相互応報性に近い概念の「戦略的遺産動機仮説」(親は将来年老いたときに子供に頻繁に会いにきてもらうよう戦略的に遺産を活用するという仮説) が支持できるということを示しています。

終章

(1)「模索する経済学のフロンティア(座談会)」青木昌彦、岩井克人、浜田宏一『ESP』2002年12月号(経済企画協会)

(10) 例えばBernheim (2001) を参照。これは、人間の貯蓄行動に対する行動経済学的な説明をコンパクトにまとめています。
(11) Save More Tommorow (明日への貯蓄を) の略。
(12) ここで述べたものの他、401(k)貯蓄に関して行動経済学は、拠出者の多くは、会社が提供する典型的な掛率金や投資対象資産である「デフォルト・プラン」に忠実な貯蓄率やポートフォリオを（必ずしもそのプランを選ぶ義務がないにもかかわらず）選択するという現象なども説明します。
(13) 例えばDiamond (2002) などを参照。
(14) ミクロ経済学でいうところの顕示選好の理論に当たります。
(15) 例えば、カーネマンによる実験例（比較的短い時間で低温度のまま水に手を浸けさせるというオプションと、比較的長い時間ではあるが、後半は温度を少し上げるというオプションを試し、人々が事後的にどちらを好むかを調べる実験）があります。

第7章

(1) ただし、Bergstrom, Blume and Varian (1986) などの研究は、公共財の私的供給の可能性を伝統的な経済モデルの中で指摘しています。
(2) 古典的かつ代表的な実験例についてはIsaac and Walker (1988) 等を参照。
(3) 最後通牒ゲーム実験の古典的な例としては、Guth, Schmittberger and Schwarze (1982) やKahneman, Knestch and Thaler (1986) を参照。
(4) この均衡は、厳密には、受益者が (1000, 0) という配分を突きつけられた場合には同じ利得ゼロであれば、このオファーを拒否し、(0, 0) をとるという仮定の下で成り立ちます。
(5) なお、例のような最後通牒ゲームの場合には、参加者2人の利得の合計が小さいために、利己的・合理的な基準から乖離した行動が観察されるのではないかという論点がありえますが、仮にパイを大きくした場合にも同様の結果が得られるという実験例もあります (Camerer and Thaler 1995)。
(6) 独裁者ゲームについては、Forsythe, Horowitz, Savin and Sefton (1994) が詳しい。

一つとなっているとされています。

（7）例えばMullainathan and Thaler（2001）を参照。

（8）例えばGabaix and Laibson（2002）などを参照。

（9）日本のキャピタル・ゲイン課税は他の先進国と同様に申告分離制度となっており、キャピタル・ロスが実現されても、課税ベースから損金として控除されるような制度にはなっていないので、そもそもキャピタル・ロスを実現化する誘因は乏しいと考えられますが、それでもキャピタル・ロスを抱え込む背景の一つとして損失回避的な要因は含まれていると考えてもよいでしょう。

第6章

（1）なお、ここでは時間を連続的なものではなく、1期、2期……という離散的なものと捉えています。

（2）時間が連続的な場合には、割引率は以下のように表されます。

$$-\frac{dD(\tau)/d\tau}{D(\tau)}=-\frac{d\delta^{\tau}/d\tau}{D(\tau)}=-\frac{d\exp(\ln\delta^{\tau})/d\tau}{D(\tau t)}=-\frac{d\exp(\tau\ln\delta)}{D(\tau)}$$

$$=-\frac{(\ln\delta)\exp(\tau\ln\delta)}{D(\tau)}=-\ln\delta$$

（3）第1章の補論3のことばを使えば、「現在の自分」はサブゲーム完全均衡となる戦略をプレーしているということができます。

（4）これは一般に当てはまるものではなく、宿題にかかるコストなどの前提によって結果は異なります。

（5）消費者がナイーブである場合のシミュレーション結果については、Angeletos *et al.*（2001）を参照。

（6）詳しくは、Laibson, Repetto and Tobacman（2000）を参照。

（7）理論についてはGruber and Koszegi（2001）が詳しい。

（8）現在の消費水準の決定は、過去の消費水準に影響されるという、古典的なデューゼンベリーの「消費の習慣形成仮説」とも関連する考え方です。詳しくは第6節を参照。

（9）ただし限定合理性の仮定だけでは、貯蓄がむしろ過大になる現象を排除できないことに注意する必要があります。

第5章

（1）本章の議論は、主にシュライファーの『金融バブルの経済学』および筆者が留学時代に受けたシュライファー教授の講義をもとに構成されています。

（2）ここでいう「裁定」は、正確にはいわゆるモジリアニ＝ミラー型の裁定のことを指し、根源的に同質な金融資産が2つのマーケットで取引され、それぞれで異なる価格付けをされているときに、一方のマーケットで当該資産を安く買い、他方のマーケットで高く売るという取引を同時に行う取引のことをいいます。こうした裁定の結果として、2つのマーケットにおける同一資産の価格差は消滅することになります。

（3）なお、ここでは、遠い先の株価の予測値は極端に高くはないとし、これを現在割引価値で評価しなおすとゼロに収束すると仮定しています。これに対し、価格バブルの項で触れた伝統的な合理性経済学からのバブル説明のアプローチは、投資家が何らかの理由で遠い先の株価を爆発的に高いと予想すれば、それが現在の株価に反映されて実際に株価が急上昇するという自己実現的な「合理的バブル」が発生しうるとしています。

（4）バナーツィとセイラーは実験を用いた最近の研究において、一般に人々は合理的なポートフォリオ形成を行わない可能性が高いことを発見しています。つまり、人々に①株式ファンドと債券ファンドにそれぞれどの程度資金を配分するかを尋ねると、3分の1程度の人が株式ファンドには50％かそれ以下しか資金を配分しないと答えたにもかかわらず、②株式ファンドと株式・債券が半々の混合ファンドにどの程度資金を配分するかという質問に対しては、それぞれのファンドに大体半々の割合で投資をするという結果が得られました。人々の考えが合理的であれば、②の選択肢に直面した場合には、すべてのお金を株式と債券の混合ファンドに回すはずであるという意味で、この結果は個人投資家が必ずしも合理的ではないことを示唆しています。

（5）詳しくはバーバーとオディーン（Barber and Odean 2001）の研究を参照。

（6）この他、比較的小規模な企業の株式が毎年1月にマーケット全体よりも収益が上回るといういわゆる「1月効果」も、裁定の不完全性が原因の大きな関心テーマの一つです。第5章（行動ファイナンス）においては、伝統的な経済学と行動経済学の双方の考え方を見ていきます。

（4）なお、ここで説明した自信過剰の判断が生じるメカニズムは、カーネマンとトヴェルスキーの「近道選び」の考え方とも整合的であるといえます。つまり、人々は「結果の印象の強さ」という確率的事象の代表的な側面に左右され、母集団の情報を見失うという「代表性の近道選び」を働かせるのに加えて、トスの回数など正確性にかかる情報を自らの判断の調整に不十分な形でしか活用しないために、確率判断にバイアスがかかったままになるという「係留効果」が発生している、と考えることも可能です。

第4章

（1）Rabin（2000）やRabin and Thaler（2001）は、別の観点から、仮に人々がこのような小さなギャンブルを拒否すれば、期待効用仮説は、人々がギャンブルに勝つ場合の利得がいかに大きくても、彼らはこれを拒否するという非現実的な結論をもたらしてしまうという欠陥を持つことを示しました。

（2）数学的な表現を使えば、価値関数は利得の局面において凹関数となります。

（3）数学的には、価値関数は損失の局面において凸関数となります。

（4）ただし、アメリカでは電話の新規加入の際には、保険も含めて様々なオプションが含まれたパッケージをデフォルトのサービスとして、契約の際に一つひとつのサービスが必要ないかどうかを立て続けに尋ねてくることが多く、その意味では人々が慎重な検討を行うことができない「限定合理性」という要素によって説明されるべき現象かもしれません。

（5）定期預金や401(k)からの退職前の中途段階での取り崩しには、通常、手数料やペナルティが課されますが、セイラーの実験では、純粋に資産保有形態による消費性向の違いを見るために、このような制度的な相違を捨象して考えています。

（6）詳しい議論を知りたい方は、Poterba, Venti and Wise（1996）およびEngen, Gale and Scholz（1996）を参照してください。

（5）詳しくはBazerman & Samuelson（1985）を参照。

（6）ここでは独占的競争について詳述はしませんが、詳しく知りたい読者はChamberlin（1993）等を参照してください。

（7）詳しくはMankiw（1985）を参照。企業が値札を表示し直すにもわずかながらコストがかかることによって、企業が需要の増減に応じて価格を変更することが妨げられるという理論を指します。

（8）ここでの議論は、Fehr and Tyran（1999）に基づきます。

（9）Haltiwagner and Waldman（1989）を参照。逆に企業iの利潤最大化価格が市場価格と負の相関を持っている場合は、「戦略的代替性」があるといいます。なお、一般的には、市場価格と各企業の利潤最大化価格が正の相関を示す「戦略的補完性」が成り立つケースが多いと思われます。

（10）消費者がルール・オブ・サムに従う背景として、伝統的な流動性制約の存在や、将来の流動性制約への備えからくるバッファー貯蓄といった合理的基準からの議論に加えて、マンキューは一時的な所得の変化を将来にわたって恒常的な変化とみなしてしまうという非合理性（詳しくは本書第3章を参照）を重視しています。

第3章

（1）近道選びとそのバイアスに関する2人の研究成果は、論文集Kahneman, Slovic and Tversky（1982）にまとめられています。

（2）この結果は、個別の事象、例えば(f)「リンダさんは銀行の窓口係である」という事象を、「銀行の窓口係ではあるが、フェミニストではない」という事象と混同したことによるものかもしれません。この点を確認するため、カーネマンらは、似たような被験者グループを2つ構成し、一方には結合事象(h)を除いた選択肢を提示し、逆にもう一方のグループには問題となる個別事象(c)と(f)を除いた選択肢を提示するという実験を行いました。この場合でも、後者グループが結合事象(h)にあてがう確率は前者グループが個別事象(c)などにあてがう確率よりも高くなることがわかっています。これにより必ずしも、「結合問題」が被験者のこのような「勘違い」によるものではないということがわかっています。

（3）株価がランダム・ウォークに従うかどうかについては、行動経済学の

注

第1章

（1）本文では、これらの均衡概念の考え方と問題点だけを簡単に記します。均衡の数学的な定式化については補論2を参照してください。

（2）各プレーヤーが同時ではなく、交互ないし時間を追って戦略を展開していくような「逐次手番ゲーム」の均衡概念である「サブゲーム完全均衡」については、補論3を参照してください。

（3）ここでは1期間を1年などの短い期間ではなく、30年といった長期として解釈するべきです。

（4）期間0と期間1で一般物価が変動しないとすると、予算制約より、期間0の消費の価格を1とした場合の期間1の消費の価格は$\frac{1}{(1+r)}$となるので、「期間0の消費」の「期間1の消費」に対する相対価格は（1＋r）となっています。

第2章

（1）なお、第2章では、確率・統計上の判断の際に人々が陥りやすいとされるルール・オブ・サム、およびこれらの行動に起因して、人々が犯しやすい構造的な過ちについて詳しく見ていきます。

（2）国際経済学では先物為替レートの「不偏性」の仮説と呼ばれます。

（3）2002年のノーベル賞においては、第3章、第4章で紹介するダニエル・カーネマンとともに、バーノン・スミスが、実験経済学の確立という功績により経済学賞を受賞しました。

（4）このように、実験経済学の実証結果を踏まえて、ゲーム理論の考え方をより現実に即したものに修正しようというのが「行動ゲーム理論」という分野です。伝統的なゲーム理論が、プレーヤーがどのように行動すべきかを示す規範的なアプローチを主としているのに対して、行動ゲーム理論は実際のプレーヤーがどのように行動するかを示す意味で実証的であり、また、限定合理性が存在する中で人々に実践的なアドバイスを与えるという点で、処方的な意味合いも持ち合わせています。

〈A〉経済・金融

1	経済指標の読み方(上)	日本経済新聞社
2	経済指標の読み方(下)	日本経済新聞社
3	貿易の知識	小峰・村田
5	外国為替の実務	三菱UFJリサーチ&コンサルティング
6	貿易為替用語辞典	東京リサーチインターナショナル
7	外国為替の知識	国際通貨研究所
8	金融用語辞典	深尾光洋
18	リースの知識	宮内義彦
19	株価の見方	日本経済新聞社
21	株式用語辞典	日本経済新聞社
22	債券取引の知識	武内浩二
24	株式公開の知識	加藤・松野
26	ＥＵの知識	藤井良広
32	不動産用語辞典	日本不動産研究所
35	クレジットカードの知識	水上宏明
36	環境経済入門	三橋規宏
40	損害保険の知識	玉村勝彦
42	証券投資理論入門	大村・俊野
44	証券化の知識	大橋和彦
45	入門・貿易実務	椿　弘次
49	通貨を読む	滝田洋一
52	石油を読む	藤　和彦
56	デイトレード入門	廣重勝彦
58	中国を知る	遊川和郎
59	株に強くなる 投資指標の読み方	日経マネー
60	信託の仕組み	井上　聡
61	電子マネーがわかる	岡田仁志
62	株式先物入門	廣重勝彦
64	ＦＸ取引入門	廣重・平田
65	資源を読む	柴田明夫・丸紅経済研究所
66	ＰＰＰの知識	町田裕彦
68	アメリカを知る	実　哲也
69	食料を読む	鈴木・木下
70	ETF投資入門	カン・チュンド
71	レアメタル・レアアースがわかる	西脇文男
72	再生可能エネルギーがわかる	西脇文男
73	デリバティブがわかる	可児・雪上
74	金融リスクマネジメント入門	森平爽一郎
75	クレジットの基本	水上宏明
76	世界紛争地図	日本経済新聞社
77	やさしい株式投資	日本経済新聞社
78	金融入門	日本経済新聞社
79	金利を読む	滝田洋一
80	医療・介護問題を読み解く	池上直己
81	経済を見る3つの目	伊藤元重
82	国際金融の世界	佐久間浩司
83	はじめての海外個人投資	廣重勝彦
84	はじめての投資信託	吉井崇裕
85	フィンテック	柏木亮二
86	はじめての確定拠出年金	田村正之
87	銀行激変を読み解く	廉　了
88	仮想通貨とブロックチェーン	木ノ内敏久

〈B〉経　営

11	設備投資計画の立て方	久保田政純
18	ジャスト・イン・タイム生産の実際	平野裕之
25	在庫管理の実際	平野裕之
28	リース取引の実際	森住祐治
33	人事管理入門	今野浩一郎
41	目標管理の手引	金津健治
42	ＯＪＴの実際	寺澤弘忠
53	ISO9000の知識	中條武志
61	サプライチェーン経営入門	藤野直明
63	クレーム対応の実際	中森・竹内
67	会社分割の進め方	中村・山田
70	製品開発の知識	延岡健太郎
73	ISO14000入門	吉澤　正
74	コンプライアンスの知識	髙　巖
76	人材マネジメント入門	守島基博
77	チームマネジメント	古川久敬
80	パート・契約・派遣・請負の人材活用	佐藤博樹
82	CSR入門	岡本享二
83	成功するビジネスプラン	伊藤良二
85	はじめてのプロジェクトマネジメント	近藤哲生
86	人事考課の実際	金津健治
87	TQM品質管理入門	山田　秀

本書は二〇〇三年十二月に日本経済新聞社から刊行された
同名書を、一部加筆修正のうえ、文庫化したものです。

著者紹介

多田洋介（ただ・ようすけ）

1973年生まれ。

1996年　東京大学経済学部卒業。

同　年　経済企画庁（現内閣府）入庁。

ハーバード大学大学院修士。

主な著作に、「ダニエル・カーネマン－心理学の手法で主流経済学の限界を示す」（『経済セミナー』2003年1月号）、「実践のための行動経済学」（『経済セミナー』2006年9月号～2007年3月号）など。訳書に、キャロル・グラハム著『幸福の経済学』（2013年　日本経済新聞出版社）。

日経文庫1315

行動経済学入門

2014年7月15日　1版1刷
2017年11月13日　　4刷

著　者　多田洋介
発行者　金子豊
発行所　日本経済新聞出版社

http://www.nikkeibook.com/
東京都千代田区大手町1-3-7　郵便番号100-8066
電話　(03) 3270-0251（代）

印刷・製本　広研印刷

ISBN978-4-532-11315-5